Monteiro LOBATO

Monteiro

LOBATO

LITERATURA
DO MINARETE

EDITORA GLOBO

Edição: Arlete Alonso (coordenação), Cecília Bassarani e Luciane Ortiz de Castro
Edição de arte: Adriana Bertolla Silveira

Consultoria e pesquisa: Marcia Camargos e Vladimir Sacchetta
Preparação de texto: Página Ímpar
Revisão: Cláudia Cantarin, Márcio Guimarães de Araújo e Margô Negro
Produção editorial: 2 Estúdio Gráfico
Direção de arte: Adriana Lins e Guto Lins / Manifesto Design
Projeto gráfico: Manifesto Design
Designer assistente: Nando Arruda
Editoração eletrônica: Susan Johnson

Créditos das imagens: Acervo Cia. da Memória (páginas 15 e 16);
Arquivo Família Monteiro Lobato (páginas 8, 12, 14 e 19);
Hemeroteca do Instituto Histórico e Geográfico de São Paulo (página 17)

Dados Internacionais de Catalogação na Publicação (CIP)
(Câmara Brasileira do Livro, SP, Brasil)

Lobato, Monteiro, 1882-1948.
Literatura do Minarete / Monteiro Lobato. – São Paulo : Globo, 2008.

Bibliografia.
ISBN 978-85-250-4590-4

1. Crônicas brasileiras I. Título.

08-09854 CDD 869.93

Índices para catálogo sistemático:
1. Crônicas : Literatura brasileira 869.93

1ª edição, 1ª impressão

Editora Globo S.A.
Av. Jaguaré, 1.485 - Jaguaré
São Paulo - SP - 05346-902 - Brasil
www.editoraglobo.com.br
monteirolobato@edglobo.com.br

SUMÁRIO

Monteiro Lobato

Monteiro Lobato por J.U. Campos

Homem de múltiplas facetas, José Bento Monteiro Lobato passou a vida engajado em campanhas para colocar o país no caminho da modernidade. Nascido em Taubaté, interior paulista, no ano de 1882, celebrizou-se como o criador do Sítio do Picapau Amarelo, mas sua atuação extrapola o universo da literatura infanto-juvenil, gênero em que foi pioneiro.

Apesar da sua inclinação para as artes plásticas, cursou a Faculdade do Largo São Francisco, em São Paulo, por imposição do avô, o Visconde de Tremembé, mas seguiu carreira por pouco tempo. Logo trocaria o Direito pelo mundo das letras, sem deixar de lado a pintura nem a fotografia, outra de suas paixões.

Colaborador da imprensa paulista e carioca, Lobato não demoraria a suscitar polêmica com o artigo "Velha praga", publicado em 1914 em O Estado de S. Paulo. *Um protesto contra as queimadas no Vale do Paraíba, o texto seria seguido de "Urupês", no mesmo jornal, título dado também ao livro que, trazendo o Jeca Tatu, seu personagem símbolo, esgotou 30 mil exemplares entre 1918 e 1925. Seria, porém, na* Revista do Brasil, *adquirida em 1918, que ele lançaria as bases da indústria editorial no país. Aliando qualidade gráfica a uma agressiva rede de distribuição, com vendedores autônomos e consignatários, ele revoluciona o mercado livreiro. E não para por aí. Lança, em 1920,* A menina do narizinho arrebitado, *a primeira da série de histórias que formariam gerações sucessivas de leitores. A infância ganha um sabor tropical, temperado com pitadas de folclore, cultura popular e, principalmente, muita fantasia.*

Em 1926, meses antes de partir para uma estada como adido comercial junto ao consulado brasileiro em Nova York, Lobato escreve O presidente negro. *Neste seu único romance prevê, através das lentes do "porviroscópio", um futuro interligado pela rede de computadores.*

De regresso dos Estados Unidos após a Revolução de 30, investe no ferro e no petróleo. Funda empresas de prospecção, mas contraria poderosos interesses multinacionais que culminam na sua prisão, em 1941. Indultado por Vargas, continuou perseguido pela ditadura do Estado Novo, que mandou apreender e queimar seus livros infantis.

Depois de um período residindo em Buenos Aires, onde chegou a fundar duas editoras, Monteiro Lobato morreu em 4 de julho de 1948, na cidade de São Paulo, aos 66 anos de idade. Deixou, como legado, o exemplo de independência intelectual e criatividade na obra que continua presente no imaginário de crianças, jovens e adultos.

OBRA ADULTA*

CONTOS

- URUPÊS
- CIDADES MORTAS
- NEGRINHA
- O MACACO QUE SE FEZ HOMEM

ROMANCE

- O PRESIDENTE NEGRO

JORNALISMO E CRÍTICA

- O SACI-PERERÊ: RESULTADO DE UM INQUÉRITO
- IDEIAS DE JECA TATU
- A ONDA VERDE
- MISTER SLANG E O BRASIL
- NA ANTEVÉSPERA
- CRÍTICAS E OUTRAS NOTAS

ESCRITOS DA JUVENTUDE

- LITERATURA DO MINARETE
- MUNDO DA LUA

CRUZADAS E CAMPANHAS

- PROBLEMA VITAL / JECA TATU / ZÉ BRASIL
- FERRO / VOTO SECRETO
- O ESCÂNDALO DO PETRÓLEO / GEORGISMO E COMUNISMO / O IMPOSTO ÚNICO

ESPARSOS

- FRAGMENTOS / OPINIÕES / MISCELÂNEA
- PREFÁCIOS E ENTREVISTAS
- CONFERÊNCIAS, ARTIGOS E CRÔNICAS

IMPRESSÕES DE VIAGEM

- AMÉRICA

CORRESPONDÊNCIA

- A BARCA DE GLEYRE - VOLUMES 1 E 2
- CARTAS ESCOLHIDAS - VOLUMES 1 E 2
- CARTAS DE AMOR

* *Plano de obra da edição de 2007. A edição dos livros* Literatura do Minarete, Conferências, artigos e crônicas *e* Cartas escolhidas *teve como base a primeira edição, de 1959.* Críticas e outras notas, *a primeira edição, de 1965, e* Cartas de amor, *a primeira edição, de 1969. Os demais títulos tiveram como base as* Obras Completas de Monteiro Lobato *da Editora Brasiliense, de 1945/46.*

Versátil e precocemente moderno

Lobato após a colação de grau no curso de Direito, em 1904

Com uma dose equilibrada de frescor da mocidade e talento em formação, *Literatura do Minarete* engloba os escritos da fase de estudante de Monteiro Lobato, quando empregava a maior parte do tempo mergulhado no universo típico dos jovens que nasceram dispostos a mudar o mundo. Para entendermos o contexto desta produção inicial, compilada aqui por Edgard Cavalheiro, é preciso lembrar que, ao chegar em São Paulo, Lobato encontrou uma Faculdade de Direito submersa em profunda apatia. Ali ele assistia às aulas apenas para obter o diploma e tornar-se advogado, por imposição do avô, o Visconde de Tremembé. Durante as intermináveis preleções, dedicava-se a desenhar caricaturas dos mestres que, segundo ele, eram em sua maioria cansativos, autênticos "perobas".

Para compensar um ambiente desprovido de desafios, Lobato começou a dedicar-se a publicações como *A Arcádia* – folha da sociedade dos segundanistas de Direito, presidida por ele entre 11 de agosto e 15 de novembro de 1901. Dela, Cavalheiro trouxe para a presente coletânea "Outrora e hoje", fragmentos de seu discurso expondo a decadência daquele celeiro de governantes e presidentes da República, bem como a atrofia do meio literário degenerado pelo mercantilismo. Mas foi fora dos muros acadêmicos que ele e sua roda vivenciaram os anos de ouro da juventude. Ligados por intensa afinidade de ideias, Lobato e seus colegas desenvolveram uma fervilhante atividade intelectual. O grupo, que se autodenominava "Cenáculo" ou "Cainçalha", reunia-se no Café Guarany, na rua XV de Novembro. De lá seguiam para o chalé no Belenzinho, à rua 21 de Abril, protegido por uma cerca viva e um portão de ferro. "No andar térreo, morada de burgueses; no alto, sob o telhado, em ponta, e duas águas, duas salas únicas, primitiva habitação de Godofredo Rangel, a quem mais tarde foram aderindo Ricardo Gonçalves, Lino Moreira, Tito Lívio Brasil, José Antônio Nogueira, Albino Camargo Neto, Cândido Negreiros, cidadãos de uma república comunista", registrou Lobato, referindo-se ao sobrado onde moravam.

O nome Minarete surgiu após um comentário de Ricardo, encantado com a vista descortinada do terraço daquele casarão parecido com a torre de uma mesquita. A denominação viria ainda batizar um jornal de Pindamonhangaba recém-fundado por Benjamim Pinheiro. Neste, os representantes daquele curioso microcosmo da boemia paulistana colaboravam com absoluta liberdade, sem preocupação com os leitores que reagiam, indignados. Em suas páginas Lino Moreira traçou o perfil satirizado dos membros do Cenáculo, caracterizando o futuro pai da Emília como espírito multiforme e versátil, elástico e talvez científico.

"Muda de opiniões, de ideias e doutrinas mais ou menos filosóficas com a sofreguidão de um comboio célere através de florestas espessas e soberbas... Intolerante e extremado no que diz e escreve. Cultiva o mais escabroso gênero de literatura – a

Grupo do Minarete. Da esquerda para a direita Lino Moreira, Tito Lívio Rangel, Albino Camargo Neto, Godofredo Rangel, Cândido Negreiros, José Antônio Nogueira, Monteiro Lobato e Ricardo Gonçalves.

Café Guarany, ponto de encontro do grupo do Minarete

Faculdade de Direito do Largo São Francisco, 1900

crítica. Estuda muito. Lê obras poderosas... Escreve romancecos e esboça, a largas pinceladas, infames aquarelas."

Sob pseudônimos variados como She, Lobatoyewsky, Guy d'Hã, Hélio Bruma, Mem Bugalho Pataburro, Rodanto Cor-de-Rosa ou apenas Yewsky, indicativos da suas intenções irônicas, Lobato teve oportunidade de atuar, nesse período, também no *Jornal de Taubaté* e em *O Povo*, de Caçapava. Foi do rodapé deste último que Cavalheiro extraiu "Os Lambe-Feras", cuja estreia escandalosa levaria à sua suspensão. Apesar de considerado hediondo pelo próprio autor, o folhetim teve o mérito de usar uma linguagem ousada, quase duas décadas antes do surto modernista, com capítulos de frases únicas nos moldes de *Brás Cubas*, de Machado de Assis: "Chegamos. Almoçamos. Descansamos. Dormimos", registrou em um deles.

Sempre no mesmo teor sarcástico e irreverente, os assuntos abordados variavam de folclore nacional, visto em "Juro!", até resenhas teatrais e literárias, passando por um estudo sobre a cor, em que se percebe a faceta plástica de Lobato, que dizia pintar com as palavras. Transitando do tom panfletário a um

Minarete

Redactor, Benjamin Pinheiro

ANNO I | Pindamonhangaba, 13 de Novembro de 1903 | NUM. 20

DR. MARIO TAVARES

O boletim da Commissão Central fazendo apresentação dos candidatos do Partido Republicano Paulista nas proximas eleições de Deputados e Senadores, contemplou o nome do nosso distincto conterraneo dr. Mario Tavares, residente na prospera cidade de Araras, entre os correligionarios que devem merecer os suffragios do eleitorado.

A confiança que o illustre moço inspirou aos directores do seu partido é mais um motivo de orgulho para esta cidade que acompanhou sempre com o maior interesse o caminhar do seu dilecto filho. Entre os novos candidatos, ninguem merece mais do seu Estado que o digno pindamonhangabense; a sua eleição terá um significado brilhante, por isso que corresponde a uma conquista da intelligencia e a uma victoria do trabalho.

Muito dedicado ás lides da imprensa, desde os seus mais verdes annos, o dr. Mario Tavares que ainda não conta 30 annos de edade, aqui fundou e redigiu nos tempos anteriores á proclamação da Republica o jornal *O Recreio*, onde collaboraram moços de real merecimento, legitimas esperanças de S. Paulo, como Antonio de Godoy, Ovidio Romeiro, Plinio de Godoy, Cassio Monteiro e outros.

Suspensa em 1890 a publicação d'*O Recreio*, dirigiu o seu redactor mais tarde, quando cursava as aulas da Faculdade de Direito, o semanario *A Viola*, exclusivamente literario e muito apreciado nesta cidade onde era impresso e na capital do Estado, onde teve larga distribuição e procura, sobretudo nas rodas academicas. Collaborou assiduamente nos jornaes locaes, antes de entrar para a vida publica.

E agora, é ainda nos arraiaes da imprensa que vem encontral-o a indicação do seu partido, exercendo, como é geralmente sabido, um logar em a redacção da *A Tribuna do Povo*, de Araras, um dos mais conceituados jornaes do interior do Estado. Como se vê, são justas as alegrias da imprensa pela feliz escolha. Abraçamos o hourado candidato, desejando-lhe votação na altura do seu merecimento e felicitamos o seu venerando Pae, nosso prezado amigo sr. Nicoláu Tavares, e a nossa estimavel collega *A Tribuna do Povo*.

A FLOR DA CIVILISAÇÃO

O jornal é a flor da civilisação—eis um conceito que o Consº Accacio não trepidaria em subscrever com toda a gravidade. O polo opposto do Conselheiro, entretanto, o fino Théo, pela bocca de Fortunio definiu o jornal como—«quadrados de papel sujos de graixa que se distribuem pela manhã nos quaes vem mencionada a lista dos cães esmagados, dos maridos que espancam as mulheres, dos montões de lixo que apodrecem nos becos», etc. etc.

Felizmente para os jornaes a primeira opinião é a verdadeira visto ser a opinião da maioria, a humanidade sendo composta de um milhão e meio de Accacios para um só Theophilo Gautier. Não corre, portanto, perigo de fanar-se a flor da civilização; terá o carinho da humanidade, terá sempre cães esmagados, máus maridos e montões de lixo a denunciar: adubo supimpa para o alfobre do jornalismo, onde a flor da civilisação sorverá em alentados haustos a gorda seiva da exhuberancia luxuriante.

LOBATOVEWSCKY.

ESCOLAS MUNICIPAES

No inicio da Republica e depois da organisação definitiva dos Estados, que entraram no goso de completa autonomia assegurada pela constituição republicana, devido em grande parte aos esforços de um benemerito paulista que tem o seu nome immortalisado na historia do ensino publico, a instrucção popular attingiu ao mais elevado grão de adiantamento em nosso futuroso Estado.

Era o ramo de serviço que despertava os applausos de sincera gratidão e sagrada veneração, em todos os recantos da grande terra paulista.

Quando o povo, esse eterno ludibriado sem o direito de articular uma queixa, de soltar um gemido, sentia que a educação de seus filhos se convertia em realidade, que a instrucção publica bastava para rodear de sympathia a nova instituição implantada no paiz pelo despeito e pela força,—começaram as impensadas alterações e reformas, que foram golpeando a obra valorosa sabiamente planejada e tão bem iniciada.

Era justo o arrefecimento da gloriosa classe do professorado publico, classe acatada e respeitada, composta de verdadeiros bemfeitores da patria e da humanidade.

Era justo que os apostolos da instrucção, embora não perdessem o amor ao trabalho no fiel cumprimento do dever, sentissem que o enthusiasmo se apagava ante a queda do ensino que dia a dia se aniquilava, se amesquinhava sob a acção perniciosa da febre reformista dos que só sabem concertar destruindo.

Os nossos governantes levaram o desastre ao ponto de deixar uma parcella do ensino popular a cargo das camaras municipaes!

E' bastante isto para demonstrar o regresso do serviço até então invejavelmente organisado; é bastante isto para convencer o mais incredulo que o desenvolvimento da instrucção que honrava as tradições de uma terra apregoada como civilisada, ia soffrer um golpe mortal.

Infelizmente assim aconteceu porque as municipalidades, em sua maioria talvez, ligam pouca importancia a tão necessaria incumbencia.

Pelo que se passa em nosso municipio, que tem uma arrecadação relativamente avultada, póde-se calcular o que vai por esse mundo a fóra.

Em geral as camaras preferem empregar mal as economias do povo que trabalha para encher os cofres do fisco, a promover a educação dessas crianças que indirectamente deviam gosar de uma parcella minima da grossa contribuição de seus maiores.

Acha a municipalidade, em sua autonomia, que o ensino publico pertence ao Estado exclusivamente.

O Estado, por sua vez, quer á fina força repartir o encargo desmantellando o ensino popular que garante a instrucção do povo.

O nosso governo, depois de passar um certo numero de escolas a cargo dos municipios, com promessa de uma quota para occorrer ás necessarias despezas,

Minarete, *jornal de Benjamin Pinheiro*

estilo mais leve, ele discorria com igual desenvoltura tanto sobre um esporte popular quanto a respeito da questão social. Em "Futebol", de 1905, aproveita para criticar o Estado e enaltecer o imigrante: "É dessa raça de gente que precisamos. Menos bacharéis, menos parasitas, menos coronéis, menos deputados, menos promotores [...] e mais '*struggle for lifes*', mais 'homens', mais fibra [...]". Já em "A fuga dos ideais", pregava a justiça e o fim da miséria pela moralização da própria moral.

Marcia Camargos

Minarete em aquarela de autoria de Monteiro Lobato

LITERATURA DO MINARETE

Monteiro Lobato requereu matrícula na Faculdade de Direito de São Paulo em 13 de março de 1900. A sessão da Arcádia Acadêmica, na qual pronunciou a dissertação "Outrora e hoje", foi realizada em junho, e o número da revista desse grêmio estudantil apareceu em 11 de agosto de 1900. A Arcádia teria vida curta; desaparece no ano seguinte e, ao que conseguimos apurar, só publicou um número de sua revista. Nele, além de Lobato, colaboraram Joaquim Alves de Araújo Viana, Hilário Freire, J. J. Ramos Valadão, Raul O. de Fonseca, Moacyr Maya, Eugênio de Lima e Raul de Andrade. Esse grêmio estudantil foi substituído pelo Centro XI de Agosto, até hoje existente. Lobato fora eleito presidente da Arcádia, mas nada fez para garantir a sua sobrevivência. Hilário Freire, seu colega de turma, depõe, dizendo que "Lobato sonhava, projetava e propunha muito. Expunha seus pensamentos, oferecia programas formosos a realizar e realizava sempre metade, pelo menos quando não realizava tudo. O que lhe faltava eram companheiros".[1]

[1] *Este e todos os textos que antecedem os artigos de Monteiro Lobato neste livro são de autoria de Edgard Cavalheiro e constam da 1ª edição, de 1959. (Nota desta edição.)*

Outrora e hoje

(Fragmentos de uma dissertação pronunciada na Arcádia)

Ciência, literatura e arte: não se prende a nenhuma destas três grandes ordens de ideias, a que se subordinam todas as manifestações da inteligência humana, o assunto de que vou tratar, mas está em íntima conexão com todas as três. Vou falar do passado, rememorar alguns nomes, e expender o meu modo de encarar a penúltima e última fase do movimento intelectual da nossa sociedade acadêmica.

Durante muitos anos, quase desde a sua fundação, a Academia foi o foco intelectual mais vivo, mais inteiro, mais brilhante de todo o país; era o cenáculo donde surgiram os próceres do Segundo Império e da República. Neste venerando cenóbio, tranformado em templo da ciência, as mais ousadas concepções eram formuladas, os mais ardentes ideais eram alimentados, e da sua fermentação surgiram as radicais tranformações por que tem passado a nossa querida pátria.

Os fulgurantes raios que dele dimanavam, vivificantes, imorredouros, originais, espancavam as trevas de três séculos que envolviam o cérebro do colosso sul-americano.

Que poderosas mentalidades, que sublimes cultores do belo eram os acadêmicos de então! Na segunda metade deste século ele atingiu ao apogeu e não era para menos, pois em seu seio bebiam com avidez os ensinamentos da ciência talentos verdadeiramente geniais: José de Alencar, José Bonifácio, Álvares de Azevedo, João Cardoso, Silvério de Sousa, Leandro de Castilho, Ferreira Viana, Bernardo Guimarães, André Fluey,

Félix da Cunha, Paulino de Sousa, Lafaiete, Flávio Famese, Alcindo Guanabara, Antônio Carlos, Silveira Martins, Couto de Magalhães, Costa Pereira, Melo Matos, Duque Estrada, Almeida Pereira e tantos outros que longo fora enumerá-los.

O ano de 1877 foi também um ano privilegiado para São Paulo; Magalhães Castro, o indomável Silva Jardim, Carvalho Júnior, Laurindo Pita, Assis Brasil, Pedro Lessa, dotados de palavra ardente e eloquência arrebatadora, rutilavam na tribuna oratória; Carlos Ferreira, o poeta das "Rosas loucas", Paula e Sousa, Rangel Pestana, Rodrigo Silva, que cauterizavam na tribuna jornalística, com a férula da ironia, as mazelas da época; Teófilo Dias, Lúcio de Mendonça, Valentim Magalhães, Raimundo Correia, o notável sonetista, excediam-se na arte sublime da burilação da ideia – a poesia; Manhães de Campos, Júlio de Castilhos, Eduardo Prado, E. Burroul lançavam aos quatro ventos da publicidade os seus enérgicos e virulentos folhetos; Leopoldo Bulhões, Santos Werneck, João Mendes, Barbosa e Silva já eram profundos cultores do direito.

Por esta súmula vê-se quão brilhante era o estado mental daquele período. Desse ano em diante a decadência moral desta instituição foi progredindo aos poucos e uma apatia enervadora lhe foi tolhendo gradativamente os membros, que durante tanto tempo movimentara com máscula energia a máquina intelectual do país.

O meio literário atrofiou-se em contato com o vil mercantilismo que neste século invade todas as esferas sociais; o ideal desapareceu com a realização dos dois grandes ideais de outrora: um em 13 de Maio e outro em 15 de Novembro; e vós bem sabeis que sem um ideal, sem um fito, sem um destino, uma geração não pode progredir. Os vultos que surgiram – mediocridades sobressaídas pela força das circunstâncias – são raros, espaçados, espúrios – lampejos de fogo-fátuo. Não apareceu uma cabeça de chefe bem-intencionada, bem orientada, que reconduzisse a mocidade transviada ao caminho perlustrado durante largos anos com tão notável brilhantismo.

A sociedade acadêmica desuniu-se e perdeu a força; desprestigiou-se e não mais foi tida em vista pela desunião e desprestígio – os dois mais terríveis cancros que podem ferir uma agremiação.

Em vez do congraçamento de todos os anos notou-se um desprezo, um desdém sumamente ridículo de um ano superior – superior cronologicamente – para um inferior. E assim a Academia dos José Bonifácio, dos Castro Alves, dos Álvares de Azevedo, dos Fagundes Varela vegetou durante largos anos, lançando um olhar desdenhoso e mórbido nos que tentavam soerguer o seu deprimido nível, inutilizando desse modo os raros, porém bem-intencionados esforços.

Mais tarde, nos tempos nefastos de revolta, o sono da Academia sofreu um estremecimento e o país contemplou admirado o heroico patriotismo de seus filhos. Esse estremecimento foi a organização do Batalhão Acadêmico.

É que a pátria perigava, e ante o perigo da pátria, os pesados reposteiros que velavam o sono desta instituição não podiam deixar de entreabrir-se para patentear aos olhos do mundo comovido e extasiado o mais sublime exemplo de abnegação e patriotismo.

Depois recaiu outra vez no marasmo.

***

Bruxuleiam atualmente os sintomas de uma nova fase regeneradora; mas as suas linhas estão muito indecisas ainda para que possamos formar um juízo seguro do que será ela; se um desses clarões efêmeros que de quando em quando lançam as lâmpadas, ou um real e duradoiro rejuvenescimento.

Quanto ao passado, esse espelho fiel tão fértil em bons exemplos que Deus pôs no mundo como um livro aberto ao futuro, ninguém hoje olha para ele.

Toca-se na fundação dum grêmio, dum jornal, duma revista: para quê? – indaga a mocidade de hoje –, para que nos embrenharmos pelo mundo literário, artístico, científico, se a literatura, a arte, a ciência possuem tão grande número de cultores? Que importa que os nossos descendentes estigmatizem a nossa apatia, se a apatia, a indolência, o orgulho, a vaidade, o egoísmo, os prazeres momentâneos são o supremo ideal?

– "Mas o nosso passado glorioso" – atalha timidamente uma voz.

– "Que temos nós com o passado para que ele venha increpar a nossa indolência com a muda exprobação das suas glórias e do seu afanoso trabalho? A vida não termina no túmulo? Viver, pois, é gozar."

Tristes resultantes duma decadência prematura!

***

Vou terminar e fazendo votos para que a nossa Arcádia, que já em si é uma formal contradição ao espírito dos tempos que correm, não seja nunca perturbada pela discórdia que tudo deturpa e corrói, finalizarei com algumas palavras do sublime Herculano:

"Há nesta época dois caminhos a seguir; um, estrada larga, batida, plana, sem peripécias, mas que conduz à prostituição da inteligência; outro, vereda estreita, tortuosa, mal gradada, mas que se dirige ao aplauso da própria consciência. Aqueles cujas esperanças não vão além das sombras do cemitério e aí veem, não o termo de sua peregrinação na terra, mas o remate da existência, que sigam a estrada. Nós, porém, que guardamos para além da vida as nossas melhores esperanças, tomaremos o bordão do romeiro e iremos rasgar os pés pela vereda de espinhos".

Destoaremos assim, Árcades, da opinião e do *modus vivendi* geral.

J. B. MONTEIRO LOBATO
(Da Arcádia Acadêmica, São Paulo, nº 1,
11 de agosto de 1900)

Pequena anedota *que Lobato dedica a Albino Camargo, companheiro do Instituto de Ciências e Letras e da Faculdade de Direito, um dos componentes do "Cenáculo", colaborador assíduo do Minarete, o filósofo do grupo. Historietas como "Juro!..." escreveu-as Lobato às dezenas. Principalmente versando mentiras de caçador. Certa vez pensou mesmo em publicar num livro as melhores histórias sobre o tema. Em carta a Godofredo Rangel chegou a dar notícia desse plano que, como tantos outros, não chegou jamais a ser concretizado.*

Juro!...

Ao Albinetto

– É agora a sua vez, major! Conte-nos uma história.

– Para quê, meninos? Vocês hoje são uns céticos, caçoam de tudo e haviam de julgar a minha história mais como um sonho do que como um fato que se deu. Em parte eu dou razão a vocês, porque se a mim me viessem contar... – e sacudindo a neve dos cabelos – ... eu não creria também.

– Mas há mistérios no mundo! Há muita coisa que se não explica! Foi no ano passado em que me casei – já lá vão 52! – e cofiando as longas barbas brancas fitava os olhos da memória no mundo das recordações. – Foi em 42. Eu morava na roça, uma fazenda perto de Santa Rita, um fundão temeroso só de matas virgens e de onças. Para se chegar até a vila era preciso cortar um espigão feio. O taquaruçu ali tinha jeito de peroba. Uma trança. O caminho – nem era caminho!, um carreirinho à-toa passava mesmo pelo coração da grota. Escuro e úmido como os seiscentos. Até dava medo. No chão a folha do taquari era tanta que formava uma espécie de massa grossa e encharcada, uma lama fria e limpa. Eu tinha de vir para a vila a negócio. O que foi mesmo? Ah!, sim!, parece que um remédio para a Anita que se queixava muito de certas dores. Tive de ir eu mesmo para explicar bem os sintomas ao médico, o doutor Leocádio, o pai daquele fedelho que esteve aqui outro dia, aquele todo cheiroso, o... o...

– Costinha, não é?

– É, esse mesmo. Era o pai dele. Eu fui. Montei numa bestinha picaça, cria da fazenda, uma perfeição de animal; montei e segui. Andei sem novidade até a entrada do espigão, mas aí...

E o velho de novo cofiou as longas barbas alvadias, calou-se um momento como para se reconcentrar, e:

– Aí... Nunca mais na minha vida deu-se coisa igual, e muito menos tive notícia de ter acontecido o mesmo a outrem. Estava quase no fim do espigão; a bestinha amassava galhardamente a lama de folhas secas e eu tinha o pensamento a mil léguas dali. Súbito, sem que nada me avisasse, sem que o menor gemido, a menor aparição, sem o mais insignificante farfalho... a cabeça da mulinha caiu no chão!... Mas caiu mesmo, como cai uma pedra que se larga das mãos; caiu fazendo um barulhão fofo, surdo!

– Mas com...

– Caiu, juro! Não sabem o que é cair? Caiu. Despregou-se e caiu! Ora, vá-se contar isto aos moços de hoje! Ririam como vocês estão querendo rir.

E, cofiando mais uma vez a prata da barba veneranda, caiu, como cai uma pedra que se larga!

LOBATOYEWSKY
(*O Povo*, Caçapava, 26 de março de 1903)

O animus pictórico esteve sempre presente no espírito e na sensibilidade de Monteiro Lobato. Vocação frustrada, a pintura foi o seu "violino d'Ingres". Desde criança andou às voltas com pincéis, tintas e cores. Aprendeu a desenhar antes de ler. Era como pintor que via a natureza; as cores sempre o deslumbraram. Pintou até os últimos dias de vida, especialmente aquarelas. "No fundo", confessou certa vez, "não sou literato, sou pintor. Nasci pintor, mas como nunca peguei nos pincéis a sério, arranjei, sem nenhuma premeditação, este derivativo da literatura, e nada tenho feito senão pintar com palavras. Minha impressão predominante é puramente visual." E, noutra ocasião, insistiu que nascera pintor e pintor morreria, embora "mau pintor". "Quando escrevo", acentuava ele, "pinto – pinto menos mal do que com o pincel."

A cor

A sombra agoniza. O rebanho das estrelas cerra as pálpebras e adormece. O brilho moribundo do seu olhar esfrola as ondas das águas num beijo mortiço que as debrua de ouro velho. E põe na aresta das vagas um tremeluzar cansado. E casa reflexo de opala ao múrmuro bisbilha dos fios d'água. E aninha-se em fios de luz sobre o dorso roliço das gotas de orvalho.

Mas a noite morre. Lá na fímbria do céu a Aurora apresta a paleta das cores. Vai iniciar a decoração do mundo.

Começa embebendo os nevoeiros dum róseo diáfano. Numa pincelada de gênio mancha ao fundo o culto das montanhas. Aos maciços de vegetação lança golfadas de tons pesados. Pela ondulação dos plainos espalha o hermafroditismo vago do claro-escuro.

A treva batida de frente foge para os recessos, para os antros. É o nascimento das cores; a cor começa. Vegetação maravilhosa! Ao estímulo da Luz-máter reponta a penumbra, a cor da nuança.

Povoa-se de tons a floresta. O caos negro dos oceanos emerge em harmonia ondulante. As formas definem-se – que a cor é a alma da Forma.

No dorso ciclópico das montanhas, ondas azuladas se acamam. A névoa incolor peroliza ou enrubesce. As cambiantes da verdura derramam-se por colinas e vales. O céu se tinge do aperolado fosco das madrugadas, e nuvens coradas torcem no seio *dele* caprichosas volutas. O ambiente atavia-se da coloração fina da bruma moribunda. As águas sorvem a variedade dos tons. O mar veste a sua túnica verde-azul. E nas flores? E no ar? E na pedra? É o mundo inteiro, é a tela incomparável que a Natureza começa a gizar com a madrugada, para desfazê-la com a esponja da noite.

***

A eclosão das cores!... O Cor-de-rosa, esse terno amante dos lábios femininos, da carne feminina, da epiderme das pétalas, das manhãs límpidas, dos crepúsculos suaves...

A cor dos devaneios felizes, dos beijos de amor, dos sonhos leves, dos pensamentos bons... A cor das criancinhas...

Depois vem o Azul, a excentricidade, a aristocracia, a frieza. É audacioso, original, indiferente. Espelha-se no céu quando este é todo imobilidade impassível; abandona-o se o vê enternecido por um crepúsculo ou alegre com uma aurora. Mistura-se ao mar; recua as montanhas; foge às flores. Só ama as grandezas, os longínquos, as alturas; detesta o homem e foge dele. Tomai um punhado d'água do mar, no lugar onde o azul for mais profundo: ele sumirá nas mãos, o incolor. Persegui-o nas montanhas, no céu: nunca o alcançareis. É mau, é esteta: odeia o homem.

Já o Vermelho tem uma alma diversa. É burguês e forte. É abacial. Lembra Rabelais e as grossas chalaças. Ri sadiamente, com alacridade e barulho. Tinge o sangue: a Vida; os ocasos, a Morte gloriosa. É avassalador; conquista, domina. Adora as audácias pesadas. Brilha na chama e nas flores estridentes; flamula nos estandartes; pompeia na guerra como um grito bêbado de entusiasmo.

O Roxo é a tristeza, a melancolia dolorosa: procura a solidão; apraz-lhe o soturno, o ermo. Trucida a alacridade onde a encontra. Detesta o riso feliz. Anda pelas necrópoles entristecendo os túmulos; anda nas violetas gerando a nota melancólica dos jardins.

O Amarelo!... é o lacaio que todos desprezam. Colore o Tédio, o Aborrecimento, a Monotonia. É acaciano. Põe as suas nuanças em tudo, é invasor, é enorme. Pai do Verde, domina por ele a natureza, alastra-se com ele pelas sinuosidades da terra, tingindo tudo. É chinês. É lorpa.

O Verde é o déspota. A terra é sua. Tudo lhe pertence, a esse filho do azul e do amarelo. Não possui, porém, as qualidades nem de um nem de outro. A superioridade do azul chocada pela vulgaridade do amarelo neutralizou-se e o filho nasceu inexpressivo.

O Verde é inerte, não diz nada, é mudo: domina a terra com moleza, sem uma alma oculta que lhe vinque de ressaibos fortes a exterior epiderme. E as nuanças? Formam um exército, são infinitas. O esteta as idolatra, o artista as adora, o vulgo, o burguês as desconhece.

Possuem a macieza e perfume, dom que falta à cor. Não esmagam pela violência, desconhecem o ímpeto audacioso. Deleitam suavemente, melodiosamente. São as madrugadas da cor, os sonhos, os devaneios dos tons fortes. Têm flexuosidade felina; caminham aos coleios, como as serpentes.

SHE
(Minarete, 27 de abril de 1903)

"Foi o amor", conta Hilário Freire, "que o viciou na nicotina, otimamente revelada pela indigestão inicial, mais tarde descrita no seu conto 'O charuto'. A namorada achava bonito um homem fumar, Lobato fumou. Isto em Taubaté. Depois que pegou o feio vício, para usar uma frase sermonária, apareceu em São Paulo inteiramente deslembrado dos conselhos antitabagistas com que me acutilava..."

Monteiro Lobato andou sempre às voltas com o vício de fumar. O cigarro fazia-lhe mal, provocava-lhe incômoda tosse, fazia-o arfar, respiração opressa. Durante certo tempo não levava aos lábios o cigarro inteiro. Partia-o pelo meio, jogando fora um pedaço. Com isso julgava fumar menos. Diversas vezes largou do vício. Não resistia, porém, muito tempo. Mas quando andava em fase de abstinência tabagista pregava autênticos sermões aos amigos fumadores, mostrando-lhes os maus efeitos que a nicotina causa no corpo humano. Esses períodos, no entanto, duravam pouco. Não tornou, porém, a fumar charutos. Nem cachimbo.

Além do "O charuto", Lobato publicou em O Povo a crônica "Um vício horroroso", na qual tece considerações e defende os fumantes e o fumo.

O charuto

Há momentos na vida do homem!...

Logo que se acabou de mastigar o bródio supimpa do Comendador (ele não era Comendador, mas que vá assim para frisar), cada um enfiou na boca um magnífico Dannemann, com que foi brindado, entre estas palavras:

– São bons, esplêndidos, 30 mil-réis a caixa, fumem, fumem.

Todos começaram a mamar entre exclamações de prazer.

– Realmente é magnífico!

– O Comendador trata-se.

E ele, todo ufano, entre duas baforadas azuis:

– Pois meninos, a vida é esta, e tolo é quem não a aceita como ela é.

Concordaram todos e eu do meu cantinho achei profundamente filosófica a frase do homem e mentalmente a completei e transformei para meu uso futuro: devemos aceitar a vida como ela é e não como devera ser!

Que profundeza de conceito! E quem o dirá saído do bojo rotundo e farto de um Comendador! Mas voltemos aos charutos. Eu saquei do bolso um magro cigarrinho e o fui chupando enquanto guardava o charuto para, no dia seguinte, à plena luz da tarde, fumá-lo garbosamente. Era o primeiro.

Pasmai fedelhinhos que aos 5 anos já chupais, sonolentos e entediados, longos havanas, roubados do papai; pasmai, mas antes disso sabei que com vossa idade tentei fazer o mesmo, o que me valeu uma das mais vastas sovas que as costas minhas hão registradas em seus anais. Desde esse dia odeio o charuto, essa execranda verruga da civilização que nos arruína a saúde e a bolsa.

Nunca, nunca mesmo, nem em dias de *obas* acadêmicas, nem em banquetes natalícios gerou-se-me na telha a ideia de mamar a fumaça azulada desse nefando *instrumento*. Mas... ora vejam lá como as coisas se fazem. Eu tinha uma menina, à qual andava fazendo rodas. Era galantezinha, mimosa e chique. Só tinha um defeito: supinamente tola, dessa tolice tangencial ao...

Que malvadeza esta comparação! Pois bem, não prossigo; é injusta.

Mas havia essa menina. Um dia ela me disse:

– Adoro os moços que fumam charutos. O senhor não fuma?

– Não D.!...

– Pois fume.

E eu resolvi a fumar, e em tão boa época, que consegui o primeiro charuto com os mil-réis do Comendador.

O primeiro charuto!

Quem nunca saiu pelas ruas afora, com um maganão prendido ora entre os dentes, ora entre os dedos... não viveu um dos pedaços mais agradáveis da vida. Se os que não fumam soubessem a importância que nos dá um charuto, reconhecessem que pedestal é ele para nossa vaidadezinha, oh!, com certeza haviam de experimentar. Pois comigo deu-se isso. Senti-me outro e cheguei quase a me envergonhar do meu passado mesquinho, marchetado de pontas de cigarros; agora sim o meu futuro seria todo bordado a pontos de charutos. Senti-me grande, bonito, embelezado; vi em cada olho uma expressão de respeito e admiração. Parecia-me que as moças me olhavam com mais carinho e indulgência. Um negro chegou a tirar-me o chapéu respeitosamente. Mas, franqueza: não sei se foi para mim ou para um tipo que cruzava comigo nesse momento. Talvez para ambos. Pessoas com quem me encontrava todos os dias e que se me mostravam indiferentes dignaram-se de pousar uns olhos macios e quiçá invejosos sobre a bela chaminé que fumegava azuladamente. Súbito vi um bando de moças que vinham ao meu encontro. Preparei logo um arzinho de pouco-caso, dei ao rosto uma feição de superioridade, contraindo levemente os lábios e os olhos num risinho imperceptível de ironia, e coloquei o charuto bem na pontinha dos dentes, meio inclinado para a esquerda. Mas... este mas!, o ladrão escapou-se dos dentes e veio abaixo; por uma felicidade inaudita consegui apanhá-lo no ar com as mãos, como quem agarra um tesouro; uma das moças riu, eu danei e exprobei a mim mesmo aquela patetice.

Mas, fui andando, andando, subindo ruas, descendo-as, cruzando-as, até que num dado momento senti-me levemente indisposto. Que seria? Um mal-estar imperceptível ia-me avassalando o estômago e a cabeça. Seria o fumo? "Qual!", pensei, "impossível; ainda não fumei nem metade."

E no entanto era essa a causa. Continuei a andar e já entrava na rua que tinha a deliciosa felicidade de contar entre seus habitantes a minha adorada Lu... (que indiscrição!) quando senti agravar-se-me o mal-estar.

Um pródromo de náuseas punha as manguitas de fora.

"Era o charuto", pensei; "é este amaldiçoado; mas tu me pagas; logo que passar a casa dela, atiro-te à poeira, mortalhado num verso de Tolentino: Vai-te mísero charuto lazarento, vai-te..."

Já avistava a casinha dela, uma joia, toda pintada de amarelo-claro, com janelas levemente azuladas. Uma pessoa na janela; é ela com certeza, pensei eu. Estuguei o passo; a indisposição crescia a pulos de gigante; comecei a sentir o que sente quem viaja em navio pela primeira vez.

Coragem, avante, e lá fui sofrendo sei eu o quê, mas sempre visivelmente superior e entediado. A cinco passos reconheci a minha diva, mas a custo, porque o mal crescia em proporções assustadoras. Uma, duas, três, pus-me a contar; faltam-me duas casas só; uma; é agora.

É ela! Tonto, bêbedo, apalermado, pálido e suarento, chego defronte à minha adorada L... e não podendo, senhores, resistir aos efeitos do primeiro charuto, tiro o chapéu, cumprimento-a e... e vomito!

LOBATOYEWSKY

(*O Povo*, Caçapava, 7 de maio de 1903)

Contos como *"Rubis..." são comuns na prosa lobatiana do período acadêmico. Tudo indica que tinham endereço certo para alguma namorada. Cheio de malícia, aproximando-se mesmo do picaresco, com leves tons fesceninos, provocavam entre os leitores de* O Povo *e do* Minarete *os mais desencontrados comentários. Já velho, gostava de relembrar esse tempo e essas colaborações, e era entre típicas gargalhadas que falava do ar assustado do doutor J. Pereira Matos ou do amigo Benjamim Pinheiro quando algum trabalho mais audacioso fazia com que os leitores de Caçapava ou Pindamonhangaba devolvessem, com violentas censuras, exemplares dos jornais nos quais estampara suas "brincadeiras".*

Rubis...

– Gostou? – disse Paulo no momento em que Lúcia terminava a leitura do soneto.

Ela, com um risinho de maliciosa ingenuidade, fixou nele os olhos cor do mar e:

– O primo tem cada uma!

– Cada uma? Por quê, Lúcia?

– Estas comparações...

– Acha-as más?

– Não sei, não é isso... mas na minha opinião...

– São falsas?

– Espere; podem ser verdadeiras, mas...

– Mas? A prima é toda reticências hoje!

– É que... tenho vergonha de dizer! – e baixando os olhos maciamente úmidos – Tanta ousadia, assim em público...

– Ousadia? Onde? Como? Não entendo! – fez o moço franzindo os sobrolhos num arzinho de ignorância e de riso interrogador.

– Bem sabe! O que quer é que eu diga tudo, o santarrão! Pois direi, está aí! Fala neste soneto em magnólias entreabertas, em botões de rosa. É ousadia; pois não; como sabe? – terminou Lúcia dando ao rosto a mais encantadora expressão de malícia requintada e pudica.

– Como *sei?* – repetiu o rapaz meio embaraçado. – Sei porque já... li os poetas, nos romancistas...

– Não *creio,* não. Já viu *d'apres nature* com certeza; há mulheres tão impudicas!

– Acha impudor isso, prima? Mostrar uma mulher o que possui de mais formoso? Oh!

– Oh, que exagerado! Então para o primo o... os botões de magnólias são mais belos que o rosto, que os olhos, a boca, as mãos? Oh!...

– Talvez não seja assim; mas o recato que mantém sempre o... – e ela baixou rapidamente os olhos, a deliciosa hipócrita! – o seio defeso aos olhos do mundo dá-lhe um encanto, uma beleza quinta-essenciada e aguda, capitosa e ardente. E depois *ele* é realmente belo. Tão roliço, tão cetíneo, tão aveludado, servindo de engaste a dois rubis tão vivos...

– Primo! O que é isso? Está muito ousado hoje – ralhou a deliciosa prima levando o dedo róseo à flor dos lábios contrafeitos num muxoxo tentador. – Foi nos livros que aprendeu isso? Queime-os; são falsos.

– Falsos? Acha má a comparação dos rubis?

– Acho, sim, acho que não exprime bem o... – e corou assustada. – Meu Deus! Por que caminho me ia enveredando!

– Oh, não! Continue! Peço-o encarecidamente.

– ... não dá o rubi uma ideia perfeita do... do... botão de rosa.

– Não dá uma ideia? Ora, prima! Prove-o se for capaz.

– Prová-lo? Como?!

– É bem fácil. O seu corpete é rendado, o que custa deixar através de uma das malhas do entremeio... o rubizinho respirar um momento a deliciosa frescura da manhã?

– Primo! – repreendeu Lúcia. – Que confiança!

– Não é confiança, meu anjo, é amor à Verdade, à Ciência; a prima acaba de apodar de falsa uma comparação minha; quero que o prove; com isso ganhará o meu estilo, a perfeição do meu verso; ganhará a Verdade, a Arte e a Ciência.

– A Ciência?

– Sim, a Ciência para a qual a verdade está acima de tudo. Prove-me a falsidade da comparação e mais um átomo de verdade irá se agregar ao imenso acervo da Verdade com V grande. Por amor à Ciência, prima, prove-o.

– Já que é em benefício da Ciência vejo-me forçada a ceder. Mas olhe – e sacudindo o dedinho com seriedade –, olhe bem! Isto não é uma brincadeira, é um estudo, uma observação científica muito séria! Fique carrancudo e grave como um filósofo e vire-se para lá.

Enquanto o primo ansiosamente esperava, olhando através da janela, o "pronto", ela, com os dedinhos de rosa, fez vir a uma das janelinhas do entremeio a mais preciosa gema jamais burilada pelas mãos da natureza.

– Pronto – fez ela –, olhe-o, estude-o conscienciosamente... e depressa.

– Como é lindo! Como é galante! Mas... – e fitando bem os olhos – a prima está-me enganando! Isso é o rubi do anel cujo aro está oculto na renda! Ora, prima!

– Não é, não, primo; o anel está no escrínio.

– Não me embaças! É o rubi do anel, sim – levou a mão para apalpar.

– O que é isso, primo! Que ousadia! – fez Lúcia encolhendo-se num coleio de cobra assustada. E ele, sorrindo vitorioso:

– É o rubi do anel mesmo; é por isso que não quer que eu pegue; é, estou vendo um pedacinho do aro.

– Pois pegue, seu incrédulo – fez a moça com impaciência. O rapaz levou ousadamente as mãos ao ponto róseo, e depois de acariciá-lo com ternura:

– Realmente! A prima tem razão; mas – e concentrando a vista – aqui existe qualquer coisa de anormal. Olhe, no centro é bem rosado; depois, à medida que descamba para a periferia, toma nuanças de lilás pálido; depois parece que o lilás se funde num tom róseo amorenado... Não compreendo bem este engaste; aqui há artifício!

– Oh, juro que não!

– Prove!

– É em nome da Ciência?

– Sim, certamente – e lesto descobriu mais uma polegada do seio divino de Lúcia. Estava encantado; nunca viu tamanha perfeição! E que perfume tênue e sutil ele exalava! Tudo concorria para torná-lo sedutor; a pureza da curva, a maciez da penugem, a cor palidamente rósea, a delicadeza do perfume; Paulo, a pretexto de estudar-lhe o sabor, beijava-o demoradamente.

A moça em bruscos arrepios deixava que os estudos prosseguissem e cada vez mais se alargava o campo das experiências; por todo ele Paulo estendia um tapete de beijos ardentes. Os olhos de Lúcia cobriam-se de névoa úmida do desejo e semicerrados despediam raios de volúpia inenarrável.

– Meninos, o que estão fazendo aí? – murmurou uma voz à porta; Lúcia de um salto foi abrir; era a velhota.

– Nós estamos discutindo sobre a cor dos rubis – disse logo a moça com encantadora naturalidade. – Paulo afirmava que eles têm perfume e nuanças arroxeadas; para decidir a questão examinávamos aquele par que papai me deu.

– Qual? Quando? – interrogou a esquecida velhinha.

– Mamãe não se lembra mais? Está sem memória a minha mãezinha – e beijando-a –, pois saiba que papai me presenteou com um belíssimo par de rubis, na opinião de Paulo perfumosos e nuançados de roxo; uma verdadeira preciosidade! Não mostro à mamãe porque mamãe não enxerga mesmo.

– Mas como você tem uma joia dessas e não me mostra?

– Ora, mamãe! Que memória a sua! Pois a senhora muito bem os conhece! Se muitas vezes os lavou, há anos.

– Pode ser; a minha memória anda tão fraca.

LOBATOYEWSKY
(O Povo, Caçapava, 18 de junho de 1903)

"Tio Pedrosa" reflete bem o aspecto satírico da personalidade de Monteiro Lobato. Poucos como ele para apanhar, em rápidos traços, o ridículo alheio. Nada lhe escapa. É preciso, ferino, impiedoso. O personagem ganha realmente corpo. Embora sem pretensões, "Tio Pedrosa" é um flagrante apanhado com rara maestria, principalmente se lembrarmos que Monteiro Lobato o escreveu aos 21 anos de idade, ainda estudante de Direito.

Tio Pedrosa

Ao Sinésio

Foi ontem que chegou do Paiolinho o tio Pedrosa, um matutão do tamanho desta porta, encadernado em brins cor de gema de ovo, cheio de pelos o nariz e os ouvidos; um bicho! Veio a negócio, um negócio de vacas, e como a viagem era longa ficou para voltar no dia seguinte.

Era impagável o tio Pedrosa, muito esquerdo, tabaréu, não sabia nem se sentar como gente numa sala; cuspilhava no assoalho, pitava um cigarro muito fedorento como cachimbo de negra; dizia: "antão", "vassuncê"; acreditava em mula-sem-cabeça. Mas o pândego foi ao jantar; o homem parece que nunca se viu em tamanho apuro; nunca vira uma toalha nem um talher decente. Logo na sopa derramou uns pingões de caldo no paletó e um fio de macarrão ficou-lhe pendurado na barba, a balançar para lá, para cá.

Tomava sopa com o lado da colher chupando tonitruosamente. Só faltou entornar o restinho no chão.

Depois fez uma misturada de comida; botou o feijão em cima do arroz e depois o picadinho e o assado, e a batata, e a ervilha, e o que encontrou; mexeu tudo com farinha, fez um pirão insuportável e pôs-se a mascar, a mascar, a mascar, com uns ruídos revolucionadores do estômago dos outros. Às vezes enchia demais o garfo e ao levar à boca este batia de encontro aos dentes e o "capitão de comida" se esboroava e vinha ao chão com imensa mágoa da dona da casa que ardia em brasas entrevendo pavorosas manchas de gordura em seu cuidado assoalho. Mas não foi isso o melhor da festa – festa, sim, porque nós a custo retínhamos a risada gostosa; num dado momento tio Pedrosa se engasga, tosse e Deus!, há um chuveiro de arroz em volta dele.

Houve um terror pânico; quase todos deixaram os pratos, escandalizados, temendo engolir algum perdigoto do tio Pedrosa.

O homem corou e voltando o carão cheio de pelos para a resignada dona da casa teve palavras desengonçadas de desculpas; ela sente náusea e por um triz não fecha com chave de ouro a festa ao ver pendente das ventas do tabaréu um fio de macarrão ali enganchado pela violência do espirro.

Na sobremesa houve enlambuzamento de bigodes e barba: ele não sabendo se utilizar do guardanapo limpava com a manga e limpava a manga na toalha.

Depois correu os dedos pela boca varrendo as vitualhas acumuladas entre as gengivas e os lábios. Um escândalo!...

LOBATOYEWSKY
(*O Povo*, Caçapava, 25 de junho de 1903)

"Falta de assunto" reflete o horror de Monteiro Lobato pelas reuniões sociais, horror que é uma constante na sua vida. Jamais pôde suportar o convencionalismo; fugia assustado da perspectiva de ser obrigado a aturar conversas formais sobre temas neutros. Nenhum causer *mais agradável do que um Lobato à vontade, num ambiente isento de formalismo. Ninguém, no entanto, mais áspero e malcriado quando o obrigavam a aturar pessoas cacetes às quais nenhuma afinidade o ligava.*

Falta de assunto

A. D. A. Varela

Na sala reina um desconsolo aterrador; em todos os rostos vemos impressa a angústia mais dolorida: entreolham-se com ar de piedade e de súplica. Que é que houve? Morreu alguém? Um novo Biela caminha para nós?

Nada disso. O que há é que não há assunto. Todos os presentes já se acham mais gordos ou mais magros; já disseram que o frio este ano tardou a vir; já lamentaram a sorte dos reis da Sérvia; já meteram as botas nos criados e agora jazem de nariz para o ar farejando compungidos um assunto qualquer por mais fútil que seja.

Dona Clodoalda, uma quarentona com fios de barba na cara lustrosa, tenta erguer a pobre conversação caída, e dos seus lábios ressequidos escapa mais uma dessas frivolidades que punham cóleras surdas em Gustavo Flaubert.

– Acho o doutor um pouquinho mais gordo do que da outra vez que aqui esteve.

O doutor, a quem tal achado despertara da contemplação em que estava dos olhos de dona Chiquinha, levanta os olhos para a sua interlocutora e compungidamente, com ar de mártir, expectora um sonolento e risonho “ahn!”. A dona Chiquinha, porém, toma as dores da magreza do doutor e protesta; acha pelo contrário que ele emagreceu um pouco durante a estada na capital.

– Mas quem está mesmo gorda é a Felícia, irmã do primo da Adelaide; conheceu-a, doutor? Aquela mocinha de nariz torto que mora na esquina? Está muito gorda; foi para a roça e voltou de lá muito gorda.

Pausa. Dona Clodoalda continuou:

– O marido veio mais magro, esteve uns dias de cama, com *influenza*, e emagreceu bastante.

Pausa. Dona Clodoalda continua.

– Mas o mesmo não aconteceu com ela, que apesar da doença do marido veio mais gorda.

Nova e prolongada pausa. Há suspiros de consternação. O doutor não consegue reter um bocejo. Dona Clodoalda, vendo fracassar as suas tentativas de espevitamento, cerra os lábios e cai no marasmo geral. Cinco minutos depois a dona Vestribunda murmurou em voz de sanfona para o pobre doutor que sua frio:

– Que dia lindo fez hoje, hein, doutor?

O doutor desperta de novo e repete convicto:

– É verdade! Fez um dia lindo hoje!

Dona Chiquinha o secunda valorosamente:

– Então! Que lindo dia fez hoje.

Dona Clodoalda não resiste à tentação sem meter o bico no meio e:

– Lindíssimo; há muito não vejo um dia assim!

Pausa. Silêncio, absoluta consternação. Dona Vestribunda, fanática admiradora dos testas coroadas, retoma o estafado mote: os reis sérvios, mote já infinitamente glosado naquele dia.

– Mas a Rainha Draga, hein, doutor?

– Uma droga! – respondeu este, e como ninguém percebe o trocadilho não há risos; o doutor, convencido de que aquilo tudo não passa de uma burrada, resolve calar-se e não mais gastar calemburgos com quem os não alcança. Mas dona Chiquinha, do seu canto, retoma o assunto e emite compassivamente uma compassiva:

– Coitada, não, Clodoalda?

– Então, Chiquinha: coitados!

Dona Vestribunda vem em auxílio do assunto de sua criação e filosoficamente objeta:

– O futuro a Deus pertence!

Assombra-se o doutor com a profundeza do conceito; realmente dona Vestribunda tem toda a razão; o futuro não nos pertence! Que largueza de vista! Duvido que se diga mais em tão poucas palavras. Dona Vestribunda bem mostra ser aparentada com o vigário da freguesia, homem de muitas luzes e não menos adágios. Mas qual!, ninguém consegue esquentar a palestra; não há ali entre toda aquela gente a semelhança de ideia, a afinidade de sentimento, a igualdade de condição que torna possível e agradável a difícil arte da conversação. Daí não se sai; é a gordura, é o tempo, é a Draga.

O doutor, desesperado, despede-se e sai; na rua, voltando-se para a sala do seu tormento, exclamou num desabafo reconfortante aspirando o ar puro e leve da noite: "Burrada!", e se vai perambulando rua afora deliciado pela fumaça aromática do charuto, fumaça que lhe aureola o busto como num diadema de mártir.

LOBATOYEWSKY
(O Povo, Caçapava, 2 de julho de 1903)

A *título de curiosidade reproduzimos a seguir alguns capítulos de* Os Lambe-Feras. *A história desse romance joco-sério é explicada numa pequena nota que procedeu o início da publicação, nota evidentemente redigida pelo próprio autor. Depois de esclarecer que se trata de "um bocejo em 106 capítulos", e que não tivessem os leitores receio algum do título amedrontador, pois não havia naquelas páginas feras de espécie alguma, acentua que se trata de um "diário à medida que os assuntos iam surgindo e o enredo, ou antes, a ligação que prende todos os capítulos a um só todo, não é uma coisa* a priori *estabelecida e sim esse mesmo conjunto de serviços que em nosso cérebro associa as ideias umas às outras, formando ininterrupta cadeia. Reina, concluía a apresentação, em todo ele, a mais completa boêmia tanto na forma como nas ideias e nenhum obstáculo detém o autor quando ele envereda por uma audácia adentro".*

Os Lambe-Feras *teve o primeiro capítulo publicado em* O Povo, *de Caçapava, mas a reação dos leitores e assinantes foi tão grande que o doutor J. Pereira de Matos, seu diretor, não se atreveu a prosseguir, suspendendo sem explicações os demais capítulos. A origem deste trabalho, que Lobato julgava uma "coisa perfeitamente esquizofrênica", é assim explicada: tendo ido, em companhia de seu primo Carlos Varela, passar duas semanas de férias na Fazenda Buquira, para matarem as primeiras horas da noite no casarão vazio, fizeram uma aposta: cada um escreveria um romance, ou coisa que o valha. Varela escreveu* Uma flor no

sertão e *Lobato, a tal esquizofrenia dos* Lambe-Feras. *As aventuras que a imaginação de Lobato inventa, o tom jocoso da narrativa, a nenhuma lógica dos acontecimentos, tornam* Os Lambe-Feras *uma brincadeira inteligente, cheia de humor, na qual o escritor se apresenta com um estilo limpo, vivo, envolvente.*

Lobato apreciava recordar os tempos de Os Lambe-Feras; *das cartas indignadas dos leitores do jornal; dos assinantes que mandavam, em termos ásperos, suspender as assinaturas; dos leitores, enfim, que tontos do que liam, não sabiam como agir: se devolviam o jornal ou aguardavam mais um número, para tentarem decifrar aquelas charadas.*

Na verdade, ele não queria dizer nada com aquilo. Sempre insistiu em que Os Lambe-Feras *não passava de simples brincadeira feita para encher as longas noites de uma estada na fazenda, e que só a prolongou por muito tempo por ser obrigado a redigir quase sozinho as páginas do* Minarete. *É certo que se divertia com o escândalo que tais rodapés causavam aos pacatos habitantes de Pindamonhangaba e arredores, e com a leitura que deles fazia, aos companheiros, nas reuniões do* Café Guarany *e do* Minarete.

Os Lambe-Feras*

Capítulo I

Há no mundo uma cidade que, por ter sido uma aldeia de bugres colocada num lugar muito baixo, se ficou chamando, por antinomia, (***) cidade alta.

Nasceu, cresceu e envelheceu, tornou-se encarquilhada e decrépita; dentes podres e gengivas salientes; fez-se beata e carinhosamente acolheu todos os homens que são mulheres pelo vestuário e que são suínos no julgarem o asseio incompatível com a vida de santidade.

Padres, frades e freiras aí proliferaram com a exuberância das ervas daninhas, como a guaxuma, o carrapicho, o juá-amarelo.

Estes homens – se são homens entes de saia – manejaram habilmente o maquinismo da inibição e por meio de continuadas injeções de papalvice tentaram fazer de (***) a aldeia mais beata do universo. E depois, note-se, encasquetara-se-lhe nos miolos caducos ser enrabada a um superlativo qualquer. Não fazia questão deste ou daquele, contando que fosse superlativo... Queria ser "a mais" qualquer coisa.

Os inibidores descobrindo esse ponto vulnerável quiseram fazê-la "mais carola". Não o conseguiram porque o bode preto se esfregava de contínuo em muitas pessoas, deixando-as impregnadas da catinga da heresia. E assim este superlativo

* Sem indicação de data.

fracassou. Não podendo ser a mais carola tentou ser a mais rica: desastre; a mais formosa: idem; a mais pitoresca: idem, idem. Resolveu então, num assomo de audácia e lucidez, ser "a mais pasmada". E ficou sendo a mais pasmada cidade do universo.

Nenhuma até hoje ousou disputar-lhe essa glória, imarcescível, fecunda, conquistada, ela sabe com que esforços! e (***) tomou como padrão a São Estilita, aquele vadio que passou 60 anos acocorado no alto de um cepo, ao sol, às chuvas, aos mosquitos; e, ainda mais, erigiu à altura de um princípio a Inefável Pasmaceira; e fez outros a mandriona: descobriu um sérum, o sérum-Indolencite, com o qual inocula nas veias dum morador novato ou dum simples visitante a mais assombrosa negação a tudo o que mexe com os músculos e faz trabalhar o cérebro.

Desse terreno brotaram, como é natural, produtos especialíssimos, espécimes raros de animais que a ciência não classificou ainda e que constituem um dos justos orgulhos da indústria local. Um deles, o mais característico talvez, é a mocinha morena, cara de quati, grossos calos nos cotovelos, que há anos, há séculos talvez, espia o mundo através dum vidro quebrado de sua janela. Só se lhe enxerga a cara e dizem mesmo que não tem corpo: é acorpórea; não podemos afirmar tal acerto visto serem-nos insuficientes os dados que possuímos; entretanto é de crer que tenha o corpo inteiramente anquilosado.

Chama-se não-sei-quê "Carreta". "Carreta!" uma jigajoga que não para, que desce e sobe serras, que devora os caminhos, que cai nos buracos; "carreta" um símbolo de movimento e de trabalho! Ó, a inefável chacota das antinomias!

Este produto é o mais característico, o mais requintado: há-os porém, aos milhares, imitações servis destituídas de originalidade. Estes animálculos passam a vida espiando do seu buraco; quando um pobre mortal desponta no começo da rua elas preparam-se para "olhá-lo" e fitando nele um olhar aparvalhado o acompanham, acompanham, acompanham até que o mísero suma-se na outra extremidade. Ao vê-lo desaparecer, elas coçam as nádegas e voltando-se para dentro dizem ao primeiro basbaque que se lhes antolha: – "Como tá gordo aquele moço, não, Nhá Veca?" – Intão, Nhá Veca, responde a outra coçando não as nádegas, porém o vão do dedo das patas.

Um outro produto, e este pertencendo ao sexo viril, é o encostador de barbeiros, mais ou menos coronel, amarelo, baixote, mamando continuamente um cigarro de palha, escarrando nos assoalhos e na reputação alheia, e – *ecce*! – contando bandalhices.

Ah!, o contador de anedotas bandalhas! Que fina e apurada quinta-essência da trimetilamina!

Contam da vida do próximo naturalmente, assim como quem fala mal do governo. Tresandam o cheiro acre da malícia boçal e levam os bodes e os macacos às paredes em questão de lascívia. Pois bem: em tal cidade, a tiririca do Todo achou todo o humo necessário para uma vegetação luxuriante. E vegetou luxuriantemente.

Lobatoyewsky, ou simplesmente Yewsky, príncipe russo, exilado dos pátrios gelos pelas simpatias que os tentou pela terrível niilista Vera Varrilowich, foi atirado às plagas... pelo vento rijo do Destino. Mas no fim de um mês sentiu no peito uma coisa que crescia aos poucos; sondou, auscultou, examinou, e descobriu ser uma semente do Tédio – *tedium vulgaris* em germinação. Tentou extirpá-la por todos os meios e não o conseguindo resolveu atufar-se numa vida de aventuras assombrosas nos ásperos sertões do Buquira, jamais pisados por botas russas.

Para companheiro convidou o jovem médico Vareloff Bachi Buzuck, um misto de otomano e eslavo.

Vareloff aceitou com entusiasmo a vida aventuresca em perspectiva; estava cansado já da monotonia das aventuras amorosas e achou um estranho encanto nas que trocam as flechas de Cupido, o papel perfumado e as flores de retórica, pela carabina, facão e botas. (O resto fica para amanhã porque é tarde e uns malditos bichinhos de asas, negros como piche, assentaram de vir ler espalhafatosamente o que escrevo, perturbando assim o curso fácil da pena.)

Capítulo III

Uma grande manifestação veio mostrar-lhes o quão difícil é, aos príncipes russos, viajarem incógnitos. O doutor De Matos fora os esperar e com mil gentilezas os recebeu, tendo a honra de carregar em seus braços a famosa espingarda com que Yewsky fez tão grande devastação nos ursos-brancos da Sibéria. O povo os olhava com curiosidade e admiração e os cumulava de comentários extravagantes.

– Não é, nunca foram príncipes russos – dizia um tipo cor de açafrão –, aquele de cá, eu juro! – é o czar Nicolau e o outro o imperador da Alemanha. Andam sondando isto aqui para a conquista! Canalhas! E esse negócio do Acre é estratagema deles: enquanto o governo manda o exército para lá, eles entram por cá, e... – não ouvimos mais.

Logo adiante esperava-nos o Major Cândido, amável e bom; trocamos as frases do estilo: Está bom? A família está boa? Os gatos estão bons? O tempo, o diabo está bom? Estavam; tudo estava bom, obrigado. Fizemos um pouco de espírito, dissemos as graças da etiqueta; todos riram gostosamente; e nós montamos a cav... digo em bestas, e... adeus, Caçapava!

Capítulo IV
O condor

Em meio da viagem atraiu-nos a atenção uma mancha longínqua no espaço. Que será?, algum balão?, perguntamo-nos. Não era e sim um condor esplêndido todo branco (espécie nova) como neve; fendia o ar com majestade, a airosos golpes de asas (variante para os galófobos: bater de asas), num ruído característico: *fâf, fâf, fâf, fã ã ã f!* rítmico, surdo, abafado, que se ia esmorecendo à medida que o avejão se apequenava na imensidão até sumir-se feito num pontinho negro e imperceptível.

Yewsky encantado rompeu numa exclamação:

– Que lindo gavião!

– Nunca foi gavião – protestou Buzuck –, é um condor e dos maiores!

O russo concordou. Buzuck estava de óculos.

Capítulo V

Chegamos. Almoçamos. Descansamos. Dormimos.

Capítulo VI

No dia seguinte, ao romper do sol, as árvores assustadas perguntavam entre si quem eram aqueles dois ousados cavaleiros, aparecidos ali de súbito. Sentiam-se amesquinhadas ante o olhar dominador dos Lambe, olhar que as envolvia e aniquilava, devassando-lhes os maciços de verdura. E, no entanto, os Lambe faziam um simples passeio higiênico!

Uma delas, um jacarandá, aventurou: parecem russos! O juá-amarelo, o irônico juá-amarelo, replicou logo fazendo um muxoxo de caçoada: russos não, são russas... as bestas que eles cavalgam! Disse e riu-se espremidamente, o irônico juá-amarelo, que é o contador de anedotas bandalhas dos campos.

Capítulo VII
O ninho das serpentes

Num dos meandros da estrada deparou-se-nos um gigantesco rasto de serpente; tinha uns cem metros de comprimento e uns quinze centímetros de largura.

– É rasto de sucuri?

– Com certeza.

– Mas que enorme! Vamos fazer um cálculo: tendo o rasto quinze centrímetros de largura, a cobra, que é redonda, deve ter um diâmetro de... de quanto Buzuck?

– De... de... façamos a conta, Yewsky. – Sacaram-se papel, lápis e ciência. Estabeleceu-se a equação. Bezout veio à cena. Custou! Suamos! Mas o X foi encontrado. Era igual a um metro e cinquenta centímetros de circunferência e cento e vinte e dois metros de comprimento.

– Arre que já é ser grande! – exclamou Buzuck admirado.

– É das tais que engole um boi com o chifre e tudo – fez o russo.

Mais adiante outro rasto, porém, menor; logo depois outro, e outro, e outro. De repente Yewsky:

– Sabe duma coisa? Está me parecendo que isto é carreiro de formiga-saúva! Olhe ali! Não vês folhas picadas?

Capítulo VIII

Diabo! Maldita dedução! Fosse o homem destituído da abominável faculdade de deduzir e a esta hora estaríamos com uma serpente de cento e vinte e dois metros nas mãos. Um caminho de cobra, um lugar de cobras, um buraco de cobra: era naturalíssimo que a cobra existisse. Mas qual!, o olho da dedução viu umas folhinhas verdes recortadas à beira dos buracos e logo deduziu inexoravelmente: o que corta folha é formiga; logo o rasto não é, nunca foi rasto; é carreiro de formiga-saúva. Diabo! Maldita dedução!

Capítulo IX

Em que se fazem algumas considerações sobre a onomatopeia ofídica

Mas vimos logo adiante uma cobra. Estava tomando sol num desbarrancado; era preta, barriga amarelada, de um metro e meio de comprido. Um metro e meio ou cinco metros, as opiniões divergiam. Talvez dois metros, talvez um metro e vinte. Mas isso pouco importa. O fato é que a cobra tomava sol indolentemente recurvada num coleio gracioso. Assim que dá com os Lambe tomou-se de grande pavor e fugiu espavorida fazendo tremer interessantemente a cauda e produzindo um ruído especial.

– Veja só – disse Yewsky escutando-a –, as cobras também farfalham, não? Ouviste como esta fez? – *tcheque-tcheque-tcheque*.

– Não – emendou o outro –, é um ruído menos seco, mais

úmido, mais viscoso, uma espécie de *tchafle, tchafle, tchafle* ou antes *tchafe-lef-tchalafelef*. Não é assim?

Capítulo IX½

No capítulo IX apareceu pela vez primeira a palavra "interessante" engatada num "mente", formando um advérbio qualificador do verbo tremer, ato praticado pelo rabo da cobra. Como esta palavra nos desperte a memória e nos dê assunto para um capítulo, pedimos a quem nos lê que se prepare e lamba os beiços para ouvir a história de uma.

Capítulo X
Rapariga interessante

Antes de entrar nela, porém – não malicie, leitor! –, vamos dizer umas tantas coisas sobre a inutilidade dos governos. ("Estará maluco?", pensará quem ler isto, "que é que tem o governo com a história e mais a rapariga?!..." Tem muita coisa, leitor impertinente, e se continuas a comentar vai-te às favas que elas foram inventadas a fim de que se lhes mandassem esses senhores que tudo comentam malevolamente.) O governo devia ser um pai, digo mal, devia ser um tutor, errei ainda, um mentor, sim, é isto, um mentor. Devia guiar o povo pelo bom caminho, instruí-lo, animá-lo, engrandecê-lo; cuidar da higiene e da defesa; da instrução e da educação. Devia também conservar limpa a pureza da língua, porque a língua é o melhor espelho da intelectualidade dum povo. Para cuidar da língua, uma das primeiras medidas a tomar seria proibir o emprego dos termos impróprios com multa e cadeia aos infratores. Assim, por exemplo, a lua, seria sempre a lua, e o poeta que a chamasse de "pálida tísica", "queijo que noctâmbula", "protetora dos amantes" etc. iria num calabouço arrepender-se de ter mexido nas flores da retórica. Esta seria um jardim em cujos canteiros enxameassem placas com o seguinte dístico: "É proibido tocar nas flores. Multa: 20 mil-réis e cadeia".

Seria assim evitada a destruição das matas para reduzi-las a papel onde os senhores patetas vazassem os enxurros da retórica que lhes borbota ininterruptamente do vácuo do cérebro. O que fosse cadeira havia de ser chamado cadeira; João seria João e o sol seria o sol ainda que o mundo se rachasse de alto a baixo. E por que este rigor? Porque a balbúrdia dos nomes impropriamente empregados é um dos grandes males que afligem a humanidade, dando muita escapula aos velhacos. (Mas o que tem isso com a rapariga interessante, torna a perguntar o tal leitor impertinente, ora, não nos amole, senhor Yewsky, venha a rapariga que já estamos com água na boca.) Tinha fechado este parêntese quando me chamaram para o café do meio-dia. Tomei-o, e como o café é um excitante cerebral, o que segue deve ser melhor do que o que precede o tal parêntese.

O leitor veja e julgue e conclua por si mesmo da propriedade excitante do café. Mas como ia a contar, a rapariga...

Capítulo XI

– Ó de casa!, não está aqui ninguém? – gritam da porta. Era um homem, um homem e um pão ou um pão e um homem; a precedência aqui fica à vontade do leitor e estou certo de uma coisa: se ainda não jantaste porás o pão adiante do homem, mas se estás com o estômago cheio po-lo-á atrás do homem. Por onde se vê quão grande é a influência de um estômago cheio de pães e dos homens. Trouxe-nos o pão e longamente palestrou. Contou história de bugres, disse que o céu quando limpo de nuvens é azul e outras coisas interessantíssimas.

Depois que ele saiu, Buzuck chegou-se a mim e disse: "Eu não me oponho que ele nos obsequie com pães, mas que mandasse trazê-los...". Eu ri-me e achei agudíssima a piada e ia depois de a ter degustado lançar o Capítulo XII com a história da rapariga, quando, oh céus!, vejo os meus dedos completamente enegrecidos. Indago a causa e num relance o olho da dedução me disse tê-los borrado na tinta que por sua vez borrara a caneta. Horror! Dedos manchados de tinta dão ideia de colegial sem-vergonha; e eu que não sou nem colegial e tenho vergonha vou fechar este capítulo a fim de ir lavar a caneta e mais os dedos.

Capítulo XII

Em que em vez da rapariga interessante se fala no destino que teve uma dália murcha

Pobre dália!, nasceste formosa para enfeitar a lapela dum pintalegrete ou um vaso de mesa. Mas como na roça não há pintalegres nem são as mesas enfeitadas com vasos, tu foste colhida pelos dedinhos dalguma criança travessa que, martirizando-te, amarfanhando a bela simetria das tuas pétalas, te atirou já murcha ao chão, no terreiro, perto da escada. Aí ficaste e aí te queimou o sol o resto de vida supliciada que ainda possuías.

Ora, quando eu fui lavar a caneta quis proceder à operação com uma outra preliminar, qual a de esfregá-la com areia úmida. Mas para esfregar areia numa caneta, manda a experiência de milhares de séculos que se utilize dum paninho como veículo da areia. E eis-me atrás de um paninho; não o achei de momento, mas te enxerguei, minha fanada e pobre dália, e a malvada dedução cochichou-me logo que, tendo as tuas pétalas secas a mesma consistência dum trapinho velho, poderia perfeitamente substituí-lo na projetada areação. Disse-mo ela e eu o fiz.

Capítulo XIII

Em que em vez da "rapariga interessante" se fala no destino que teve uma dália murcha

Capítulo XV

E a causa dela não seria a impropriedade dos termos!

Vê agora o leitor impertinente que tanto me interrompeu como eu tinha razão quando expus um pedaço da minha genial teoria sobre a inutilidade dos governos.

Capítulo XVI

Na viagem, Buzuck disse ao enfrentar umas laranjeiras que margeavam a estrada: "Dizem que laranjeira à beira da estrada ou é azeda ou tem casa de maribondo; mas estas parecem desmentir o ditado".

Na verdade a sabedoria dos povos falseava nessa ocasião; falseava nessa como falseia em muitas outras; hoje mesmo, por exemplo, verifiquei um novo ponto vulnerável em tal sabedoria. Mas, vamos por partes, e retrocedamos um pouco. Este Capítulo XVI tem sua história. Começou a ser escrito ontem. Chegou mesmo a ter oito linhas; mas a pena estava tão trôpega e preguiçosa que empacou na oitava e deixou *in albis* a nona. Havia nele pedaços como estes: "O Tédio é uma coisa que se sente, mas não se define", "é filho da falta de uma ocupação absorvente". Morreu aí; sua última palavra foi um mal garranchado "padece" e teve como epitáfio uma locução solene: "Arre! Como estou burro!".

Hoje, depois de um vasto passeio a cavalo do qual voltamos com os bolsos recheados de novos assuntos, reli as tais oito linhas, achei-as infames e sepultei-as no *Requiescat* dum gostoso cancelamento, salvando unicamente as frases acima, e isto porque achei a primeira singularmente oca e a segunda um tanto verdadeira. Por onde o leitor vê que a minha intenção era escrever sobre o Tédio.

Chovia ontem à tarde miudamente. Do alpendre, embalados nas cadeiras de balanço, olhávamos a lavagem que a chuva fazia nos morros, nas árvores e nas casas, quando nossos olhos se figuraram num cachorro sarnento sentado sob uma casuarina seca.

– Coitado!, como é burro: deitar-se na lama, na chuva, quando há tanto lugar abrigado! Podia, por exemplo, deitar-se aqui, ao nosso lado, que ninguém o incomodaria – dizia Yewsky, depois de o observar demorada e compassivamente. – É o símbolo perfeito da descrença e do Tédio!

E era. No meio da chuva tediosa aquele magérrimo quadrúpede sentado na lama, olhos quase fechados, orelhas caídas, representava mais fielmente o símbolo do Tédio do que a clássica flor amarela. Chamei-o. Olhou-nos indolentemente assim como quem diz – recolham-se – e retomou a desconsolada posição primitiva. Saí dali para escrever sobre o Tédio: foi quando a pena emperrou. Hoje durante o passeio, num momento em que a prosa esfriou, pus-me a matutar como deveria começar o capítulo do Tédio. E vem-me à telha dizer que na boceta de Pandora, boceta muito diferente das de hoje, que só contêm rapé, faltava um mal, o Tédio, desconhecido dos antigos ou, pelo menos, nunca mencionado pelos escritores da Antiguidade clássica.

Mas logo adiante veio uma nova ideia nascida da primeira: era dizer que eu havia encontrado um desmentido ao *nihil movum sub solum*; a coisa nova seria o Tédio, aparecido no mundo – mundo literário – com a figura sedutora de Lorde Byron.

(Um momento; são duas horas da tarde e a rapariga interessante – que, por sinal, está sujíssima e nada cheirando a rosas – acaba de entrar com o café e o milho verde assado. Fiquemos em Lorde Byron.)

Capítulo XXXV

(Suprimido a pedido do bom senso.)

Capítulo L

Tudo em redor era estrondo e escuridão. Eu ouvia a água borbotar em gorgolões esbravejantes. E meu rico traste estava meio submerso, e eu com ele. Só a cabeça sobrenadava heroica e mais filosofante do que nunca. Eu recordava velhos filósofos.

Repassei Hegel e Fichte e cheguei a uma conclusão muito séria a respeito de Espinosa; convenci-me de que a mudança dos pais de Espinosa para a Holanda foi talvez o fato que mais tarde contribuiu para que Espinosa nascesse holandês!...

E estava em Espinosa quando senti uma sucção violenta nos meus pés, mesmo através das botas de couro de veado. Apliquei logo a teoria do "tudo é ilusão", e convenci-me da irrealidade das teorias, porque por mais que abstraísse da dor, a dor não abstraía de mim.

Horror! Eu ia sendo lentamente tragado por uma gelatina verde. Apesar das trevas envolventes, eu *sentia* o verdor daquela gelatina. Verde e afogueada – ardente como a túnica de Nesso. "Pobre Hércules!", pensei comigo. E como a dor recrescesse tive a ideia de urrar. Urrar de dor é uma das mais velhas coisas da humanidade. A Idade Média está inteirinha cheia de urros de dor. Mas lembrei-me dum capítulo que eu tinha em mente escrever sobre a inutilidade do urro e por coerência calei-me.

Súbito, um clarão esverdeado invade a noite: era o monstro que vinha à tona da água. A luz verde saía-lhe de três olhos fosforescentes colocados não sei bem se na testa, na cauda ou no umbigo, porque tal monstro em nada se parecia com o resto da animalidade. Fiz rapidamente um cálculo: "Se me ponho a tremer de pavor, esta besta me devora com pavor e tudo sem que o mundo nada ganhe com isso. Melhor conservar o meu sangue-frio e empregar no estudo das características do monstro toda a energia que em situação idêntica uma criatura não filosófica emprega em urrar".

Resolvido o ponto, pus-me a estudá-lo minuciosamente, apesar das fantásticas dores da sucção. Era todo de gelatina esverdeada, cor de limo, e mudava constantemente de forma. A trindade dos olhos movia-se em todas as direções; enquanto um deles submergia, o outro se espichava para fora como um pseudópode, e o terceiro cerrava as pálpebras para uma soneca. O olho pseudópode estirava-se até longa distância por cima daquelas lajes, coleando como cobra, apalpando o terreno, gozando o prazer de ver, e depois se encolhia até desaparecer na massa do corpo. Eram enormes esses olhos; quando tomavam a forma arredondada, lembravam luas cheias – pardos, mortiços, viscosos, melancólicos. E piscavam. E cada vez que piscavam, de dentro deles saía uma espécie de morcego branco, fofo, que depois de uns giros tontos se recolhia ao olho outra vez. Era a retina do monstro. Retina alada!

Um corpo instável. Não pude fixar nenhuma das formas que ele tomava. Tinha a propriedade dos líquidos: adaptar-se às superfícies dos continentes. E nós ali dentro, por aquela gelatina – eu e a minha pobre cadeira de balanço! E eu via meu sangue brotar de mil poros em fiozinhos e passar-se para o corpo da hidra.

Senti-me no fim. Esvaimento completo. O alento último eu o empreguei na aquisição de dois novos conhecimentos: um sobre o cheiro e outro sobre o sabor do yewskófago: era inodoro e insípido. Foi nesse momento final que o meu velho amigo imprevisto apareceu e salvou-me. Minha alma já estava toda fora do corpo, lembro-me bem; e num último desespero de vida eu a agarrava pela cauda e puxava... Nisto vi, com os olhos já velados pela soneira eterna, um objeto negro ao alcance de minha mão. Um clarão me iluminou. Lembrei-me de três coisas: de Bacon, o fundador do método experimental; do nó vital, em que todos os seres vivos concentram a vida; e do meu romance que ficaria sem o Capítulo L se eu morresse. E qualquer coisa me fez levar a mão ao tal objeto negro. E apertei aquilo e aquilo se desfez. Era o coração do monstro, o nó vital! E desfeito o nó toda a gelatina perdeu a vida, dessorou, virou líquido morto e lá escorreu pelo rio abaixo, em fios esverdeados...

Capítulo LV

O pescoço era como... como o quê?! Como o do cisne? Deus me livre! Para dona Edel dizer "safa!, que mostrengo!, uma cabocla com pescoço de cisne!". Nada, nada!, eu retiro o "como". Os seios tremiam castamente sob a blusinha de chita como... (Oh!, mania horrorosa das comparações *à outrance*! Passa fora, "como" intruso!) O corpo ondulava ao ritmo do andar, os pezinhos *mignon* iam estalando as folhas secas do caminho enquanto os braços – ó crueldade! –, os braços cetíneos e roliços serravam contra o peito aquele miserável feixe de lenha! Vinha cantando na língua de D'Annunzio um verso de Carducci.

Imagina-se paisagem mais adorável? Um trecho de floresta, uma casinha de sapê oculta em um ninho de árvores viçosas, um palmo de serra ao longe, um céu todo pérola e no meio disso tudo um jasmim-da-itália modulando canções na língua dos deuses! Era sublime! Chegou. À porta um belo tipo de veneziano toma-lhe o feixe, enlaça-a em braços robustos e, depondo um beijo nos lábios mais formosos do mundo – depois dos de dona Edel –, some-se no bucólico tugúrio. Batizei aquele lugar: o ninho da Felicidade.

Capítulo LVI
Tigre

Pobrezinhas das flores crescidas à beira do caminho. A mão ávida dos passantes esmaga-as... por esmagar, para satisfazer o instinto de destruição peculiar à fera humana. Não as defende contra a ferocidade, nem a fraqueza do hastil, nem o mimo das pétalas, nem a modéstia do aroma, nem a inocência da vida. Pobrezinha das flores nascidas à beira da estrada!

Um capricho de Bachi Buzuck caiu como um tufão sobre o ninho da Felicidade. Angelina... mas que importa ao mundo a florinha azul que o tropeiro ao passar esfolha entre os dedos?

Capítulo LVII
Triste

Manhãzinha. A natureza desperta ao canto da passarada. O nevoeiro das grotas esmaece num esgarçamento caprichoso. Irisa-se o orvalho ao primeiro galão da luz. Aos retardatários os galos atiram as zargunchadas dos cocoricós estridentes. Num galho um ninho molhado e friorento abrigava – abrigava! – três filhotinhos de canário. Dois jaziam mortos e o terceiro ainda tinha forças para, de vez em quando, abrir o biquinho ao céu impassível num pipilo débil e dolorido como o choro da criancinha sem mãe, a migalha que tardava. Já um dia e uma noite são passados desde que a mãe pressurosa saiu em busca da comida. Por que se demora quando em redor o cibo é tanto? (Não parece Coelho Neto?) Por que os deixou a noite inteira, uma noite horrorosa de frio e garoa, sem o conchego tépido das penas carinhosas? Dois irmãozinhos já pereceram inanidos; o mais novo de frio, o mais velho de fome. Ele não tardará em segui-los. A mãezinha nunca chega e as forças fogem do corpo mesquinho levando os tristes farrapos de vida que ainda restam. Eis que se evola o último... e aquele biquinho, feito para cantar e encher a floresta de alegria luminosa, caiu numa convulsão imperceptível, ao lado dos irmãozinhos, sem ter preenchido no mundo a missão determinada pela natureza.

Naquela peroba que goteja uma rolinha entanguida, triste, merencória, quebra a harmonia álacre da natureza com o espetáculo lancinante da sua miséria. Nos olhos espelha-se uma tristeza doida, assim um misto de saudades e queixumes contra o duro fatalismo das coisas. As penas molhadas ajustam-se ao corpinho magro que treme ao frio da manhã. Parece soluçar.

No chão, meio coberto de lama, um casal de canários e uma rolinha. A morte os juntou num mesmo túmulo: a lama da estrada. Foi o mais belo tiro de Buzuck. Teve elogios de toda a gente, e uma preta velha comentou-o ao netinho, à noite junto ao fogo, com estas palavras: "Isso é que é atirar bem! Derrubou três com um só tiro – e beijando-o – é assim que eu quero que você fique atirando, ouviu?".

Capítulo LVIII
Que é alegre

Sim, que é alegre, porque dois capítulos tristes em seguida não é pouca coisa para um romance risonho como este. E é risonho o meu romance porque afinal de contas Heráclito era uma besta e Demóstenes tinha toda a razão. O nosso mundo com todos os seus males e podridões é risível, uma vez que não pode ser desinfetável. Isto de sociedades, de religiões, de governos, devia ser tratado a ácido fênico ou a creolina, mas não podendo ser assim riamo-nos deles que o riso sempre foi uma espécie de ácido fênico moral. O risinho de Voltaire demolia mais do que a seriedade e o choro de mil filósofos lamurientos. Riamo-nos de tudo porque é risível; gargalhadas ao burguês que fala com seriedade cômica em honra, dignidade e outros palavrões. – Demolir: eis o lema; não pela picareta das revoluções, pelas hecatombes humanas, mas pela risada escarninha, cruel, que aniquila, que esfarela, que mata ridicularizando.

O parto da ideia-mãe (um esconder a navalha do outro) foi duplo: nasceram ao mesmo tempo dois projetos de cavanhaque. O de Buzuck veio dourado como barba de milho batida de sol; o de Yewsky, preto. E como aquilo lhes repontasse nos queixos com emocionante espontaneidade, os dois Lambe-Feras juraram diante do Deus da Barba (Jeová? Júpiter Capitolino? Coisa curiosa! Nunca houve um deus imberbe ou barbeado...) que não procurariam as navalhas; e que se por acaso as achassem não cometeriam nenhum barbicídio por todo um mês. Concederiam trinta dias de vida aos produtos da ideia-mãe, para que se desenvolvessem à vontade naqueles mentos, folgados e risonhos, sem o pavor da espada de Dâmocles que desce implacável depois que a espuma do sabão os envolve. O cavanhaque de Buzuck já dá uma pálida ideia do que um cavanhaque pode vir a ser, mas o de Yewsky ainda é casa com apenas as valetas dos alicerces desenhadas no chão. Não importa. Hip, hip, hurra, aos cavanhaques dos Lambe-Feras!

Em Minarete *Monteiro Lobato escreveu de tudo: do pesado artigo de fundo à ligeira crônica social. Durante muito tempo manteve uma seção permanente intitulada "Da minha janela" e na qual, a princípio com o pseudônimo de* Rodanto Cor-de-Rosa, *e depois com o de She, o cronista pretendia manter com as leitoras – e só com elas – uma conversa frívola, sem segundas intenções. Puras divagações, entre risonhas e maliciosas.*

Escolhemos, entre tantas outras, a crônica que trata da introdução – o cake-walke. *Ela reflete o virtuosismo do Lobato cronista. Mostra-nos que ele já era dono de uma linguagem própria e que possuía, para o gênero, todos os atributos indispensáveis.*

Da janela

As minhas leitoras horrorizadas com a última crônica onde eu estive pavorosamente ininteligível, o revisor ainda contribuindo para isso com o seu modesto óbolo (v.g.: branco em vez de bronco; dedicar em vez de decidir etc.), já haviam, com certeza, lastimado o tempo perdido em ler aquelas malfadadas colunas e conjuntamente deliberado nunca mais depor os formosos olhos sobre a tal janela quando o autor dela sentiu os agudos espinhos do arrependimento espicaçarem-lhe a alma.

Maldisse mil vezes o momento fatal em que pegou aquela pena tão lorpa para traçar tão lorpas frases; arrependeu-se do título, arrependeu-se do pseudônimo, arrependeu-se de tudo, e se não cobriu a cabeça de cinzas e não bateu pelas paredes como faziam os antigos foi porque não havia cinzas à mão e as paredes eram muito duras. Resolveu, então, mudar de título e de nome, e com um valente pontapé expulsou o imbecil do tal Rodanto Cor-de-Rosa para os quintos do ostracismo, chamando para substituí-lo um mais simples e menos piegas.

E é assim que tem a palavra hoje para falar desta janela o mui ilustre senhor Guy d'Hã, que irá contar às formosas pindamonhangabenses o que ele pensa do assombroso *cake-walke*. Eu me ponho de molho, na moita, e os leitores que aguentem-no de pé firme.

O *cake-walke*! Última novidade do mundo elegante, a extraordinária dança americana invade todos os salões destronando a valsa, a polca, a mazurca e fazendo espumar de cólera aos velhos carranças. Como sucede sempre, o aparecimento de uma novidade audaciosa divide os homens em duas classes: a dos que a odeiam e a dos que a adoram; os velhos e os moços. Os velhos, corroídos de reumatismos, de hemorroidas, de cabelos brancos, verdadeiras ruínas cheias de erva, vociferam contra o *cake*, a "escandalosa", a "imoral", a "pornográfica" dança do bolo, e são possuídos de cóleras surdas ao só pronunciamento desse nome. Os moços, pelo contrário, veem nele um tesouro de originalidade, de quinta-essência e deixam-se fanatizar loucamente.

O *cake* é a revolta, o rompimento completo com a tradição; é na dança o que *l'art nouveau* é na pintura decorativa, o naturalismo na arte, o futebol no esporte, o automóvel na locomoção, o neopaganismo nas ideias. O que o caracteriza é a originalidade completa dos movimentos.

Sempre que uma dança sucede à outra, a sucessora não passa de uma evolução brusca da sucedida; herda a alma desta, e é nova somente em modalidades aparentes: no fundo conserva-se a mesma. Assim deu-se com a gavota ao substituir o minueto, com a valsa ao substituir a gavota. Mas no *cake* há um desprezo absoluto pelos movimentos da valsa; há um rompimento de rotina; é todo ele novo, inédito, originalíssimo; não herdou os movimentos fundamentais das danças antigas, para depois amoldá-los a uma aparência nova. Nasceu nos Estados Unidos; daí partiu à conquista do Velho Mundo, e em breve desfraldou a bandeira da vitória na Inglaterra. Mas o grande reduto era Paris; conquistada Paris, o mundo inteiro o estaria também; pois o *cake* a conquistou, num relance, essa prodigiosa Paris, centro de tudo, cabeça de tudo neste mundo.

Entre nós já ele se mostrou nas capitais mais importantes e, vencida com o tempo a natural aversão por tudo quanto choca muito bruscamente os nossos costumes, ele reinará garbosamente em todos os nossos salões.

Aqui pelo interior ele também há de vir, mas isto somente quando no mundo inteiro ninguém mais falar nele, quando cair no desagrado de S. M. A Moda. Então, sim, virá para cá como acontece com tudo.

GUY D'HÃ
(Minarete, 9 de julho de 1903)

São inúmeras as colaborações de Monteiro Lobato, nesta época, que nomeia, ora como título, ora como subtítulo, de "fragmento". Pensava com certeza em futuros desenvolvimentos, em transformar esses esboços de contos ou romances em histórias completas, bem-acabadas. Dona Edel *foi um romance que o andou tentando durante muito tempo. Uma vez falou sobre ele, para alegrar-se por não o ter levado adiante. Seria uma coisa falsa, inteiramente literária, sem a mínima realidade. Produto de leituras, antes de mais nada. Nesta época, 1903, Lobato andava tomando autênticos "porres de leitura", e é natural que os livros que devorava uns em cima dos outros se refletissem nos seus escritos.*

Fragmento

Do romance *Dona Edel*

– Aqui não!, este café não presta, as paredes são forradas de um papel horroroso que me põe nos nervos cóleras surdas; vamos ao *Bar*, onde ao menos não há dessas execráveis pinturas *art nouveau*, nem desses espelhos hediondos que entortam a cara da gente.

Foram. Em caminho os dois amigos ora paravam ante uma vitrina examinando uma gravata nova ou um novo sistema de colarinho, ora voltavam o rosto para acompanhar alguma diva capitosa de elegância e de Lentheric, seios e nádegas num arrufo tentador. Aos amigos atiravam adeusinhos na ponta dos dedos e sorrisos maquinais. Chegados ao *Bar* pararam um momento na porta; depois entraram; havia pouca gente, duas ou três famílias tagarelando em redor das mesinhas de mármore; dois ou três peralvilhos em visível entendimento. Sentaram a uma das mesas do fundo rente à parede, e, à mesura do criado, Paulo respondeu pedindo grogues; depois, voltando-se para Gustavo, que preparava um cigarro:

– Pois é assim, Gustavo, o meu sistema é esse, e não me tem dado maus resultados; quanto ao Ideal, pois também sabes que um Ideal é coisa indispensável na aridez da nossa vida tão precária – quanto ao Ideal construí um cuidadosamente. Descrevê-lo, bem sabes, é impossível; uma das condições de todos os ideais é justamente essa: impossibilidade de o exteriorizarmos materialmente; nem a poesia, nem a pintura, nem a escultura, nem nada no mundo consegue reproduzir a vaporosa neblina das idealizações.

– Estás hoje com uma *pose*!

– Não é *pose*, Gustavo; neste assunto é impossível conservar-se a simplicidade da conversação vulgar; é preciso...

– Sei, sei, continua.

– Como ia dizendo, a Arte é impotente para dar corpo aos nossos ideais; um bom assunto esse, para um soneto, com o título *Inania Artis*, escreve-o tu que és poeta. Mas, continuando, os ideais ficam sempre a esvoejar em nossos espíritos como véus finíssimos que o vento afla de leve; se tentarmos materializá-los, adeus, lá perdem eles todo o encanto, que é justamente isso, essa flexuosidade, essa imponderável maleabilidade de ondulações, essa prodigiosa escola de cambiantes fugitivos e indefiníveis. Pois bem, o Ideal é assim; é leve, imponderável, inexequível. Chama-se – Edel, um ser híbrido, hermafrodita, profundamente esteta, incapaz de incorrer na menor falta contra a beleza. Em vez desses Jeovás quasímodos que a suja humanidade tanto venera, Edel rende culto unicamente à Forma Impecável.

É mulher no corpo, porém não como as mulheres que por aí existem, uns amontoados de carne grotescamente desproporcionais, pernas curtas, bundas enormes; é mulher como a Diana pagã que é para mim a obra-prima da Hélade – alta, esguia de formas, nervosa, seios pequeninos em vez de úberes como têm em geral as mulheres; seios improdutivos, criados unicamente para a Beleza, sem nenhum fim imediato de utilidade que dispute às vacas o ofício de mamadeiras.

Esguia palmeira humana, como diz o Ricardito, curvas levemente arqueadas, cintura alta sem vestígios de deformação produzida pelo colete, ancas rijas, pouco volumosas, com a nervosidade elétrica das éguas inglesas. A cor deve ser o róseo desmaiado transparente, semiluminoso, uma cor de madrugada, uma cor bêbada de frescura e de perfumes imperceptíveis. O cabelo... homem, o cabelo não sei ainda como deva ser, inda não pensei nisso. Edel é inteligentíssima, um verdadeiro gênio, mas todo o seu vigor intelectual é empregado no embelezamento de uma criação artística originalíssima pela concorrência harmônica de todas as artes; é a Torre do Amor, uma torre de marfim totalmente segregada do mundo humano, engastada num recanto de natureza ainda virgem onde o céu não seja toldado pelo fumo das fábricas e o chão não conheça calçamento a paralelepípedos.

Aí será erguida a Torre, um prodígio de arquitetura; formas inéditas, só curvas, completa abolição dos ângulos e de todas as linhas que possam romper a harmonia como um dos pontos culminantes da arte edeliana – a macieza. Não te rias dessa arte edeliana, porque realmente existe uma deduzida das concepções estéticas de Edel. Nessa arte o princípio fundamental sobre que se assentam todos os outros como decorrentes fatais é a volúpia; emprego esta palavra por não haver nenhuma outra em uma língua capaz de significar o que imagino; para isso será forçoso criar uma; é volúpia num sentido muito particular, muito diverso do que o vulgo entende por isso.

Hoje não temos mais tempo, porque vou ao concerto, mas na primeira ocasião te mostrarei as minhas ideias quanto a esse ponto.

– Pois bem, ficas emprazado para amanhã, no Jardim.

– Seja; e agora adeus, tu vais à música e eu me vou também a uma outra música diferente da tua. Vou conversar com a Irma; ela me espera às dez em ponto num encantado *boudoir* japonês todo forrado a seda cor de palha e perfumado a *Laferia*. Adeus.

Paulo saiu. Gustavo quedou-se e imóvel, de olhos fitos num ponto vago, a cismar. Na rua um automóvel passava voando.

LOBATOYEWSKY
(O Povo, Caçapava, 9 de julho de 1903)

Por muito tempo Monteiro Lobato tateou indeciso sobre os rumos a dar aos seus anseios literários. Nada o satisfazia, integralmente. Um excesso de autocrítica impedia-o de assinar com o próprio nome o que ia publicando, aqui e ali, em geral em pequenos jornais do interior. Mas, no meio dessa indecisão, uma preocupação estava sempre presente: o conto como motivo literário no qual melhor pudesse aplicar seu talento e sensibilidade. É certo que nunca ficava satisfeito com o que produzia. Mas as tentativas se renovavam a cada passo. "Como se escreve um conto" dá bem uma ideia das preocupações do jovem literato, embora, como tantos outros trabalhos, a intenção ou o "endereço" estejam bem visíveis.

Como se escreve um conto

Of. à Nazarena de Bouzuk

– Franqueza! Talvez não acredites, mas é realmente o que mais me seduz em ti. Tens na verdade os mais formosos olhos do mundo, tens uns lábios travessos, corados, cheios de vida úmida, rubros como... eu diria como o nácar se não me houvessem proibido o emprego de chapas; tens um porte graciosíssimo, um talhe de palmeira, principalmente agora com esses espartilhos modernos que te empinam os seios para diante; tens um andar de passarinho, um andar de lã, macio, cheio de ondulações, um andar sonoro, harmonioso; tens uns cabelos magníficos, dourados, fios de sol; tens um perfume ideal, capitosamente embriagador, um cheiro de carnes róseas e sadias, peculiar a ti, inconfundível, tens uma voz...

– Xii!, nesse andar enches duas tiras de *tens* e nunca terminas o conto – disse a formosa Edel pendida sobre os ombros de Paulo, de onde acompanhava o que ele escrevia. O rapaz, cortado o fio do ditirambo, ergueu os olhos em busca dos olhos de Edel e os lábios de ambos se esfrolaram levemente num beijo sussurrante.

– A culpa é tua, meu bem, a culpa é de quem possui tantas belezas. Bem vês que seria injustiça eu falar dos teus cabelos e esquecer dos dentes, falar dos dentes e esquecer dos olhos, elogiar a estes e omitir referências aos lábios, não achas?

– Acho sim, o meio de evitares isso é falar de uma vez na pessoa inteira; assim nenhuma parte ficará preterida.

– Tens toda a razão; falaste como um juiz de Berlim; vou seguir o teu conselho.

E Paulo, molhando a pena, relê a última frase do conto interrompido e de novo retoma o fio (... tens uma voz de anjo, és enfim uma melodia de carne, és a "Boêmia" sob forma humana. Mas...). De novo Edel o interrompe simulando cólera e aponta indignada para o *mas* que Paulo acabava de escrever no papel:

– Mas? Então vais fazer alguma restrição aos meus encantos? Atrevido! Há pouco não me disseste que eu era perfeita?

– Espera, filha – acalmou Paulo –, espera um pouco; ainda não sabes o que eu vou dizer! Arre! Que pressa!

– Bem, continua – fez Edel –, mas se esse *mas* encerrar qualquer coisinha deprimente, juro-te como amarroto o papel e o esfrego em tua cara.

– Sossega, sossega! – fez Paulo recomeçando.

Mas em todo esse conjunto de delícias que tu és, nada me seduz tanto como... (Paulo interrompe o curso da pena e, erguendo o rosto para ela, repete interrogativamente: Como? Adivinha lá, como o quê?) Edel fez mil suposições: opina pelos pés, pelo seio esquerdo, pela nuca, pelos aveludados lobos da orelha, mas não acerta. Paulo, para a judiar, não conta o que é e se prepara para escrever. Edel, ardendo de curiosidade, senta-se no colo dele com o nariz fincado no bico da pena, ansiosíssima.

Paulo continua, o braço esquerdo cingido em torno da deliciosa cintura da moça (como as tuas mãos). Um casquinante "óóóra" acolheu a decifração do enigma. Edel pôs-se a mirar as mãos gorduchas dizendo – por modéstia: "Já se vê – não acho tanto assim, bem feias que são até; tens mau gosto". Paulo retruca: "Será o que quiseres, mas fica quietinha que eu preciso terminar isto hoje; não me interrompas mais até o fim, ouviste? São proibidos os apartes". Retoma a pena, e continua.

Vejo nelas belezas inacessíveis aos sentidos embotados do vulgo. A descrevê-las eu gastaria uma resma de papel; por isso me contentarei com falar unicamente uma coisa: a melodia dos gestos de tuas mãos. (– Mas o... – interrompe Edel.) Bico!, fez Paulo levando o dedo à ponta do nariz e franzindo os sobrolhos. Melodia sim; parece à primeira vista encerrar essa expressão um nefelibatismo e no entanto é rigorosamente a verdadeira. Os movimentos dos teus dedos guardam sempre uma proporção impecável em relação aos outros movimentos da mão; nunca eu os percebi em desarmonia, discrepando desafinadamente do conjunto total; são movimentos macios, coleantes, expressivos, verdadeiros poemazinhos de elegância cor-de-rosa e cheirando à flor de zéfiro.

(– O que é flor de zéfiro, Paulo?)

– É uma flor que eu inventei, Edel, e que tem um perfume igual ao do movimento de teus dedinhos. (Satisfeita assim a pergunta da moça, Paulo principia de novo.) O minguinho é de todos o mais gentil; tem garrulice de ave e travessura de *baby*.

E depois, caçula como é, vadiozinho como é, sempre desocupado, sempre a vadiar enquanto os outros trabalham, ele tem tempo de requintar a graciosidade nativa. Quando tomas chá, o dandizinho se arrebita incontinênti numa mesura dengosa e ri-se, o patife, dos seus irmãos que trabalham segurando a asa da chávena.

(Edel de novo interrompe. – Olhe!, já quatro tiras!, não te lembras mais do que disse outro dia o redator, o doutor Matinhos? Disse que não publicava artigos de mais de quatro tiras.)

– É verdade – concordou Paulo –, mas agora? Se parar aí fica sem sentido o meu conto. Como há de ser?

Ora o quê!, pois para aí mesmo. Quantos leitores tu tens? Uns dez; desses dez, nove não te leem senão por desfastio bem pouco se importando com o sentido, e o décimo sou eu e eu acho muito sentido nisso. Por isso deixa o conto e sai daí que eu estou ansiosa para ver quem ganha a aposta hoje.

Paulo fecha o tinteiro, mete as tiras escritas na pasta, levanta-se, apaga o gás e sai com Edel *bras dessus, bras dessous* em caminho do perfumoso *boudoir*...

LOBATOYEWSKY
(O Povo, Caçapava, 16 de julho de 1903)

As páginas que Monteiro Lobato dedica ao romancista Emanuel Guimarães revelam, apesar da idade de seu autor, um crítico ponderado e cheio de ideias inovadoras, sabendo analisar uma obra, penetrar-lhe o sentido profundo e dela extrair motivos para julgamentos e afirmações literárias ou sociológicas, quase sempre bem alicerçadas, quase sempre transpirando inegável vocação crítica. No grupo do Minarete ele era considerado o "crítico", o magister dixit. Lino Moreira, retratando-o, acentuava tal aspecto, quando dizia que o autor inédito de Os Lambe-Feras cultivava de preferência o "mais escabroso gênero literário, a crítica". Não são muitas, no entanto, as páginas de Monteiro Lobato sobre livros ou autores que chegaram até nós. Perderam-se nos jornaizinhos em que abundantemente colaborou. Mas as que dedica ao livro de Emanuel Guimarães refletem muito bem a sua habilidade para o gênero. A todo transe é sem a menor dúvida um romance medíocre e está hoje inteiramente esquecido. Dele, o crítico destaca três aspectos que lhe parecem essenciais: o conceito de vida individual; o modo do autor encarar o problema da inviabilidade da nossa primeira tentativa de nacionalização e, finalmente, o estilo em que o livro está vazado. Sobre o mesmo romance, José Veríssimo dedica um dos seus estudos, posteriormente incluído no volume quinto de Estudos da literatura brasileira. Preocupa-se apenas com a linguagem do autor, faz crítica "pronominal" apenas. O trabalho de Monteiro Lobato é, indiscutivelmente, muito mais lúcido e penetrante.

A todo transe

A uma simples leitura do último romance do senhor Emanuel Guimarães, três coisas ressaltam à vista, num destaque enérgico de evidência, e se vincam em nosso espírito naturalmente, gradativamente, à medida que se vai lendo, sem que influencie nesse fenômeno nenhuma ideia preconcebida de indagação: o seu conceito da vida individual, o seu modo de encarar o momentoso e pouco estudado problema da nacionalidade e, por último, a feição particularíssima do seu estilo.

Considerando a vida humana do mesmo modo que considera o desabrochar duma flor, ele deixa transparecer a afirmação de uma modalidade da concepção pagã da vida: a vida pela vida, o existir para viver, isto é, para o desdobramento vigoroso, absoluto e completo de todas as energias latentes da seiva humana, entendida esta como o conjunto de sentimentos e instintos que tendem para o equilíbrio conservador e progressista da espécie.

Viver será pois haurir movimento, alegria, saúde, prazer e vigor, em todas as fontes possíveis, sem constrangimento de nenhuma categoria, sem reconhecer como empecilhos fórmulas anquilosadas de direito, de moral ou de religião, sem trepidar, enfim, em estralar golilhas todas as vezes que estas ou sejam obstáculos ou simples peias ao desenvolvimento completo de uma vida.

Esta concepção que vemos levada até ao exagero extremo no discurso acadêmico, e na vida de Betarry, encontramo-la, atenuada, na vida indecisa e frouxa da pobre Joca, na vaidosa arrogância do Moreira, na sensualidade do Jotajota, no sabuquismo do Pimenta. Estes levaram às últimas consequências a teoria da vida pela vida, a qual se não deve entender desse modo, e sim como uma volta ao passado, uma hibridação do paganismo heleno, sóbrio e farto, alegre e saudável, cultivador dos músculos, da ação, da harmonia das linhas, do equilíbrio entre o mundo interno e o mundo externo, com o gênio dos tempos modernos, industriosos, estudiosos, filhos da ciência, tempos que se caracterizam pelo continuado esforço terapêutico contra a idiossincrasia em que o mergulhou o histerismo cristão; é o corpo reivindicando os seus direitos, deixando o lugar de escravo de espírito para ir desempenhar a sua verdadeira missão, a de companheiro dele.

Esta teoria generalizada e aplicada à vida de um povo dá como protótipo estalão, um misto de Grécia e de Estados Unidos, com uma neutralização dos defeitos capitais de ambos, a desmarcada sofreguidão de um e a funesta dobrez de outro.

O Brasil, filho de pais inferiores, mal-educados, destituídos desses caracteres fortíssimos que imprimem, a talho de buril, um cunho inconfundível em certos indivíduos, como acontece com o alemão, com o inglês, cresceu tristemente, sempre enflanelado porque sempre constipado, a engolir mezinhas e panaceias, e afinal de contas, dando como resultado um tipo imprestável, incapaz de continuar a se desenvolver sem o concurso vivificador do sangue dalguma raça original – desses que possuem caracteres inconfundíveis.

Em vez de, como as crianças, brincar e pular, promovendo a completa formação dos ossos, adquirindo a rijeza dos músculos pela ginástica, do temperamento por um viver racional, do caráter pela afirmação severa da reciprocidade dos direitos e deveres; em vez de procurar a evolução harmônica do espírito e do corpo, o nosso país se viu criança e já martirizando o cérebro com tarefas impróprias; imberbe e já de casaca; moço e já velho nos hábitos imitados das velhas civilizações ocidentais.

Quis ombrear a sua civilização com a civilização do Velho Mundo, sem se lembrar que a civilização é uma para cada povo assim como a fisionomia é uma para cada indivíduo, e é a resultante dum lento acúmulo de sedimentos seculares crescidos átomo por átomo, transmitidos pela hereditariedade e solidificados pela tradição; a consequência foi brotar uma civilização incolor, morna, incaracterística, instável, impregnada dos vícios das que lhe serviram de modelos e sem nenhuma das suas qualidades. Uma água de barrela dúbia e morna – é o que é a nossa civilização.

O governo imperial inconscientemente agravou o mal e a República levou-o ao extremo consagrando uma noção errônea de liberdade. É esta a segunda ideia que se destaca desse vigoroso livro; a terceira é uma simples observação quanto ao estilo.

O autor revela-se um desenhista forte, desprezador de técnicas acadêmicas, insubmisso a preceitos de escola, procurando unicamente dar a reprodução nítida da realidade; não faz da forma um fim e da ideia um meio sobre o qual aquela tripudie caprichosamente; antes, bem ao contrário, subordina-a com dureza à condição de produtora de sensações tendentes à clara e firme exibição das ideias, dos caracteres e das causas.

É um desenhista cujos traços confluem todos à representação total do motivo; o traço não é belo em si, não possui beleza intrínseca, é inane, é nada; tudo está na fidelidade com que ele faz ressaltar a imagem. Cada cena por ele descrita semelha a uma água-forte simples, singela, de poucos traços, porém de extraordinário relevo e de agradável harmonia; ali não existem inutilidade, excrescências, franjas sem razão de ser; tudo é desnecessário, tudo concorre para o efeito total, para a caracterização do motivo. Mas é um desenhista somente; somente manuseia com sombra e luz, com claro e escuro; não deixa lugar para a cor.

É o menos colorista de todos os nossos escritores; parece que os seus olhos, por uma aberração inexplicável, só veem os ângulos, as artistas, as curvas, as massas, as linhas, as superfícies, a forma enfim dos objetos, despida, porém, das tonalidades cromáticas.

Se descreve o céu dum entardecer, e se se vê forçado a lançar mão de uma tinta, usa de um subterfúgio, fala, por exemplo, em tons crepusculares. Inutilmente se pesquisarão em todo o seu livro os adjetivos – tintas; há lá uns dois ou três róseos, um roxo, talvez um azul e só, ao passo que se nos deparam com abundância os símbolos gráficos da sombra e da luz.

É um caso interessante este em nossa literatura, pelo contraste que faz com o estilo vivamente colorido da maioria dos nossos romancistas, desde Alencar até Graça Aranha.

O seu estilo refuga a cor como também refuga o perfume.

Eça de Queirós – para dar um exemplo ilustrativo –, em certas obras, perfuma todas as causas, o ar, o céu, as tardes, a cor, o sorriso, a voz, e em tudo descobre cheiros imperceptíveis ao faro do vulgo; noutras atribui cor a coisas normalmente impossíveis de coloração, como um beijo, uma fisionomia, uma afeição, e é isto uma das causas do imenso brilho que irradia do seu estilo.

Emanuel Guimarães, porém, é unicamente desenhista e, nem por distração, troca o *fusain* pela paleta. Esta qualidade negativa do seu estilo redunda, entretanto, sob um segundo ponto de vista, em uma qualidade positiva: a grande intensidade de relevo emprestada à frase, qualidade que constitui, ao nosso ver, um dos valores fundamentais do seu vigoroso romance.

Guy D'Hã

(*Minarete*, 30 de julho e 6 de agosto de 1903)

"A fuga dos ideais" completa, de certa maneira, a dissertação "Outrora e hoje". Se nesta o jovem estudante de Direito constata um estado de decadência entre os componentes do corpo acadêmico, naquele procura indicar um caminho à mocidade. E o caminho que Monteiro Lobato, aos 21 anos de idade, aponta aos companheiros de estudo é o mesmo que, já velho, aponta aos seus contemporâneos. Uma perfeita coerência entre o moço que surge para a vida e o homem às vésperas do fim. Entre os altos e baixos da sua acidentada existência, constitui um modelo de constância e de retidão a firmeza de seus ideais. O "socialismo" parecia-lhe, quando jovem, o único ideal bastante digno, bastante amplo para acolher em seu seio tudo quanto a mocidade tivesse de mais superiormente generoso, de mais finamente intelectual, de mais grandiosamente altruísta. Aos 66 anos de idade escreve Zé Brasil, *a história do* Rei Vesgo, *e algumas cartas e entrevistas que atestam não ter o grande escritor traído seus ideais de moço.*

A fuga dos ideais

Somente um ideal social como o foco convergente dos ideais particulares consegue manter coesiva e harmonicamente um núcleo de vontades voltadas para um mesmo *desideratum*.

Sem um liame como esse, poderosamente enérgico, torna-se inviável toda a tentativa de associação e é essa a causa única da aridez de grêmios que todos notam na Academia desde o estabelecimento da República. Não existe um ideal consagrador, bastante elevado, a ponto de enfeixar as unidades esparsas, captar as simpatias e sufocar as mil dificuldades surgidas pelo atrito incessante das vaidadezinhas humanas. Quando havia escravos a libertar, o estandarte da abolição serviu de elo para um sem-número de agremiações generosas; arenas propícias à expansão retumbante da eloquência acadêmica e da literatura flamejante, colérica, inçada de !!! e de reticências angustiosas.

Logo depois foi desfraldada a bandeira da República como ideal supremo; formaram-se partidos: dividiram-se os campos; houve grossa polêmica; o entusiasmo floresceu com exuberância e das inúmeras consequências a mais pitoresca foi essa portentosa eloquência tribunícia caracterizada pela palavra *república* pronunciada com três erres. Veio o 13 de Maio, veio o 15 de Novembro e esses dois ideais tão carinhosamente anichados nas fofas plumas da propaganda diletante sumiram-se em fumaça ante o erguer-se das realizações positivas.

A mocidade ficou então completamente desnorteada; perdera o fanal, a estrela guiadora, o núcleo de convergência de todas as aspirações; perdera o que a fazia dar mãos e generosamente caminhar e lutar; desapareceram, consequentemente, os clubes, associações de toda espécie e o próprio espírito de associação se foi aos poucos amortecendo, afrouxando assim os laços da solidariedade acadêmica.

Os vestígios desse espírito que ainda existem flamejam de vez em quando lá para as bandas do "ano feliz...", flamejamento efêmero que bruxuleia e desaparece com as ilusões do calourato. Inda existem alguns corajosos abencerragens rígidos das tradições do mosteiro que tentam assoprar as cinzas do fogo quase extinto; mas a esses a Academia com voz dolente responde: uma sociedade, um clube? *Para quê?* Retrucam os abencerragens: para apertar os laços da solidariedade, para promover a ressurreição dos feitos tradicionais, para desenvolvermo-nos, aperfeiçoarmo-nos, para... A Academia não o deixa concluir, ri-se e murmura um demolidor: ora! Falam outros na regeneração da República, mas falam baixinho, medrosamente, receosos da explosão dum outro: ora! esfuziante e gargalhado. Fora daí nada resta: fugiram os ideais. A burguesia, quando se digna lançar-nos um olhar – coisa rara, porque, fora os lentes, os bedéis e o Leôncio, ninguém mais sabe se a Academia existe –, ri-se complacentemente comparando o silêncio atual com o passado barulho e deduzindo daí, por um desses raciocínios prudhonescamente patuleias dos quais só ela conhece o segredo, a inferioridade mental da nossa geração. Infelizmente só damos um desmentido formal às conclusões do Conselheiro nas pavorosas passeatas do dia 11 e, em aniversários dos lentes, nas clássicas caçadas ao copo d'água. É um desmentido formal, categórico; que o digam os burgueses que enchiam o Politeama no passado 11 de agosto, que atestam eles a nossa inferioridade se são capazes!

Atualmente só vemos um ideal bastante generoso, bastante amplo para acolher em seu seio tudo quanto a mocidade tiver de mais superiormente generoso, de mais finamente intelectual, de mais grandiosamente altruísta – o socialismo.

A regeneração da humanidade pelo advento definitivo da justiça, pelo império da verdade, pela extinção da miséria, pela destruição das classes, pela moralização da moral, pela reivindicação enfim de todos os direitos postergados, é modernamente a única coisa capaz de reacender nos corações a chama vivificante da fé idealista, dessa que abala montanhas e torna possível um grêmio de estudantes.

MONTEIRO LOBATO
(O Onze de Agosto, 11 de agosto de 1903)

Conta Cantinho *Filho que na época em que Monteiro Lobato ocupou a "crítica teatral"* de O Onze de Agosto, *vivia ele apaixonado pelo teatro, tendo mesmo chegado a gravar a canivete, no poleiro do Teatro Sant'Ana, então localizado à rua Boa Vista, o lugar que habitualmente ocupava. E que a má vontade contra a Darclée tem uma explicação sentimental: o estudante andava apaixonado por Lucila Simões, de quem ele, aliás, diz de passagem na crônica ser incompreendida e vítima da imbecilidade dos nossos críticos. Foi, narra Cantinho Filho, "uma paixão platônica e exaltada. O quarto de estudante de Lobato, ali no terceiro andar de um velho prédio, sito em frente à Polícia Central, era uma 'capela votiva'. Retratos os mais variados, tirados de revistas e jornais, todos emoldurados com vinhetas artísticas que o Lobato pintava com carinho, vestiam as paredes, para que o apaixonado pudesse, nas suas preces platônicas, ter sempre em mente a imagem suspirada".*

Muitos anos depois, Lobato diria: "Tout passe... *Aquela Lucila, que tanto admirávamos, que canhão não será hoje. Gorda com certeza, rosto empastado, horrenda. E tão esguia e fina e linda naquele tempo...". Lobato só publicou em* O Onze de Agosto *três crônicas. Saindo o primeiro número em agosto de 1903, até outubro aparece com regularidade, mas depois sua publicação é paralisada. No ano seguinte circulam apenas cinco números, mas neles Lobato não comparece. Anda ocupado em encher as páginas de* Minarete *e de* O Povo.

Crônicas teatrais

I

Sou obrigado, em cumprimento de uma ordem emanada do Supremo, a me atolar numa ampla sobrecasaca, meter cartola e, com um sisudo par de óculos a cavaleiro no nariz, vir dogmatizar quinzenalmente sobre coisas do teatro. Eis-me Sarcey da noite para o dia, e eis-me à procura dum Antoine ou duma Clara Della Guardia para me voar às dentadas ou curvar o dorso reverente. Na amplidão do meu vestuário, meus olhos e meu corpo se abismam assustados; acho-o enorme para mim e, se o povo não mente, se o hábito não faz o monge, receio imenso que alguma badalada comprometedora não venha destruir o meu *aplomb* de crítico sisudo e veríssimo, abalando conjuntamente os meus créditos de – dora *avant* – homem d'óculos e cartola. Minha missão é vir a espaços dizer que fulano está trabalhando no Sant'Ana, que sicrano é um idiota, que beltrano é um gênio; é fazer a crítica dessas individualidades depois de conscienciosamente estudá-las... de longe, do meu quartinho, porque o *Onze* não possui cadeira e eu, outrora frequentador assíduo do poleiro, me acho destituído das forças necessárias para galgar os inumeráveis degraus que nos levam às torrinhas do Sant'Ana. Vejam como pesam os nasóculos dum crítico forjado.

Não começarei neste número porque os nossos teatros estão atualmente desertos; entretanto, o Sant'Ana varre-se para receber a Darclée, e... os outros permanecem fechados em virtude de causas múltiplas que não convém mencionar. Em breve o antigo Apolo terá apoplexias de gente: camarotes a 180 mil-réis são a melhor *réclame* para as companhias e para os que têm filhas a casar ou aparências faustosas a sustentar. Os *smokings* sairão do fundo dos guarda-casacas, os monóculos se ensaiarão nas órbitas oculares, as criadas escovarão minuciosamente os reluzentes chapéus-claques e a grande exibição anual far-se-á sob a égide magnífica da música seleta. Pobre música! Inutilmente as catadupas de tuas harmonias tentarão chegar à alma dos dândis absortos no julgarem-se alvos de toda a atenção feminina, nem tuas melodias conseguirão enlevar o sentimento do burguês encasacado a quem a pose estudada na véspera estafa diabolicamente, nem comover a mocinha empenhada em não deixar transparecer nas faces risonhas a dor suplicante do *droit devant* arroxado.

Pobre música! Só esporadicamente no poleiro e, aqui e ali, na plateia, terás almas atentas vibrando intensamente aos teus mágicos acentos; o diletantismo elegante te aplaudirá nos trechos determinados pela crítica indígena, te bisará no que Paris fez bisar e, se por um mau fado, entre tuas árias uma existe, por uma circunstância de ocasião caída no desagrado da claque europeia, fica certa de que embora idêntica circunstância aqui não exista, os nossos críticos ao dar com ela franzirão superiormente os sobrolhos, ou se rirão condoidamente com sorriso de pontífice, e a casa inteira, vendo tais demonstrações na face de tão augustos sarcéis, franzirá também os sobrolhos ou sorrirá com ares de finíssima superioridade. Basta, porém, de profecia e sem falar na carta do Antoine, nem repisar os inúmeros argumentos com que apedrejaram todos os nossos críticos depois que o padre Severiano, dos confins de Minas, deu o sinal, apesar de conhecer Antoine só pelo cheiro; sem dizer que a Clara voltou a dar-nos com Sardou pela cara, eu me reservo para, na próxima vez, falar em emotividades criadoras, sensibilidade estética, maleabilidade representativa e muitas outras coisas interessantíssimas.

LOBATOYEWSKY
(*O Onze de Agosto*, 31 de agosto de 1903)

II

Tudo às pressas, tudo às carreiras, tudo a trouxe-mouxe, é o que se vê nestes atabalhoados dias de Santos Dumont, dias de sol e chuva, de berreiros, de festões, de galhardetes, de bandeirolas desbotadas, de charangas, de hino nacional, de vivas ao *Rei dos Ares*, ao *Napoleão do Espaço*, ao *César das Alturas*, ao *Condor dos Mares da Fama*; não se fala, não se vê, não se ouve, não se come, não se sonha outra coisa que não seja ele, sempre ele com o seu histórico panamazinho, sempre ele sob todas as formas, em todos os estilos, nas gravuras, nos trocadilhos, nos discursos, nos jornais, nos telegramas, nas petas, nos teatros, nos concertos, no céu, na terra, em toda parte; é sempre ele, é sempre o ilustre brasileiro, o intrépido aeronauta escalavrado de comentários patrióticos, arranhado, mordido, disputado, é sempre ele o santo, o herói supremo, o mártir da retórica nacional, o impávido gigante saído incólume dos treze discursos com que Taubaté chimpou-lhe a coragem. A Darclée ficou ofuscada e, não fosse ter ido ao teatro o rei dos ares, neste momento ninguém saberia se estreara ou não a festejada cantora. Mas estreou, e numa aclamação estridente se confundiram as ovações ao condor e ao rouxinol. Deu-nos a *Tosca*, essa prodigiosa embriaguez, esse haxixe feérico onde as sugestões estranhas do gênio de Puccini nos tortura o espírito transportando-o ao limiar deslumbrante disso, desse inexplicável desejo, dessa torre de marfim onde o Artista burila o sonho impossível do seu ideal.

A música de Puccini é, assim, um assombro para um mundo diferente do nosso, um mundo só pedrarias rubras onde cintilam sóis estranhos de par com as magnificências inebriantes de uma tempestade de sons. Puccini na *Tosca* não consegue pintar os sentimentos dos seus personagens porque, arrebatado pelo gênio fogoso e ardente, se atira às culminâncias da Arte Criadora, da Arte sublimemente falsa, porque excede e suplanta e emenda a natureza, criando o que não existe, dando corpo aos sonhos desvairados do Idealizador, concretizando tudo quanto foge tenazmente à jaula da forma. A *Tosca* não comove, nem entusiasma, nem alegra, nem entristece; a *Tosca* causa-nos a impressão de uma coisa nunca vista, duma cena nunca sonhada, uma dessas maravilhas que se criam em cérebros atormentados por excitantes venenosos, onde há combates de luz, tempestade de sons, fulgurações cegantes de cores estridentes, epidermes cálidas e cetinosas das mulheres de Ticiano, olhares profundos de princesas orientais, abismos, alacridades desvairadas, beijos de fogo, contatos febricitantes; onde há tudo; onde tudo se une, se amalgama, se funde e surge embriagadoramente sob as roupagens entontecedoras das sinfonias wagnerianas. Vagamente se reconhece na *Tosca* o mesmo Puccini da *Bohème*, o terno musicante do Amor, o melodista de alma boêmia em todos os seus transes; na *Tosca*, Puccini despe o que de humano tinha a sua lira na *Bohème*, e voa a pairar em regiões inacessíveis quase a quem não é artista como ele, porque se toda a gente compreende e ama a *Bohème*, só quem se estertora nas angústias do ideal inacessível, só quem chora ante as barreiras ferozes da *Imania Artis* é que pode compreender e amar a tortura imensa que trescala a música crepitante da *Tosca*. E esses são poucos, relativamente, embora uma coorte de espectadores existia capaz de encher um Sant'Ana e aplaudir freneticamente o desempenho magnífico dado pela Companhia Sansone.

Darclée, como sempre, ostentou em toda a sua riqueza o cristal imaculado da sua voz e sem jaça levou até o fim o papel da amante de Mário, sustentando-o com raro vigor: se como cantora, entretanto, é impecável, como atriz não nos fez esquecer aquela incompreendida Lucila Simões, vítima da imbecilidade das nossas críticas. Nem tampouco o magnífico gênio trágico da Berlendi. Antipática e corpulenta, não nos dá uma *Tosca* tão perfeita como a fizeram a Lucila e a Berlendi.

Em compensação, porém, ninguém canta como ela, ninguém sabe imprimir como ela a violência e o império do amor infeliz na modulação da voz. O *Vissid'arte* foi bisado como de costume e também o tenor Schiavazzi teve de repetir o *Lucevan le stellé*, do terceiro ato. O resto foi bem, e, no mais, duas fileiras de camarotes floridos do que São Paulo tem de mais fino, "esmoquingues" pela plateia, claques luzidios, alguns monóculos, discurso, luzes e Santos Dumont.

LOBATOYEWSKY

Nota aos que não sabem russo.

O nome supra lê-se: Lobatoiévisqui e não inglesadamente – Yewsky – como muitos fizeram. Faço esta explicação em benefício de uma porção de meus patrícios de nomes com terminação semelhantes, v.g.: DostoYewsky, LynoYewsky SitoYewsky e mil outros.

L.

(*O Onze de* Agosto, nº 3, 16 de setembro de 1903)

III

Artices devera se chamar esta seção porque aqui não se cronica coisa nenhuma e sim se dizem umas tantas verdades, mais ou menos verdadeiras sobre a arte e os seus exploradores, e de tal jaez serão as que hoje a minha pena ejaculará que a muitos hão de parecer extravagantes paradoxos posando originalidade e pedantismo.

Pois que pareça; não será esse receio que me há de impedir de dizer que (Quantos *quês!*, peço perdão ao Câmara Lopes, caçador inexorável desses bandidinhos) a senhora Darclée é a mulher mais antipática do mundo, que representa mal e que, se canta impecavelmente, não comove nem emociona ninguém. Digo e provo. É antipática porque tem cara de um prato de bisnagas redondas e o nariz pela comprida, tal qual os criados do Guarany as arranjam. Representa mal, porque fareja o ar insistentemente; porque a extraordinária impertinência do seu farto nariz procura se esfregar a todo transe na cara do comparsa; porque torce as munhecas em gestos trágicos de Sara Bernhardt e porque faz mímicas ainda do tempo em que a lua aparecia em cena sob a forma dum candeeiro de azeite.

Canta impecavelmente, com rara facilidade, as notas fugindo-lhe da garganta como um bando de trêfegos canários, notas límpidas, de cristal imáculo: tem essas crises todas que os críticos dizem para engazopar a humanidade e fingir competência (v.g., registro, escola, timbre, modulação etc.). Mas esse apaixonamento vibrante pela encarnação do protagonista, esse fulgor intensíssimo da representação vívida, esse ardente entusiasmo do artista sincero que todo se transfunde no personagem reproduzido e apaga a sua alma para acender uma outra, a que o autor imaginou e criou, essa espécie de alucinação única que sabe transmitir ao espectador em toda a sua integridade o sentimento que possui o artista, esse não procuraríamos nela. Canta como os professores de piano tocam, como o Chiaffareli: impecavelmente, mas friamente.

Arte não é isso; arte não é reprodução fiel; arte é vida; só é artista aquele que reproduz a sensação da vida em toda a sua intensidade com tudo que ela tem de bom e mau, de coerente e de absurdo, de feio e de formoso, de estúpido e gracioso. A arte é uma objetivação do subjetivo, e como objetivar sentimentos quando estes não existem, quando estes não vibram dentro do artista? Na *Manon* – por exemplo, passando para um outro campo – a música é perfeita, o mais meticuloso crítico não esmiuçaria ali duas notas falsas, um "si" fora do eixo, um sustenido de pernas para cima; de princípio a fim corre como um riacho sereno de águas impassíveis marginado de bordos plantados de grama imperial e entremeios de periquito aparadinho com esmero por zeloso hortelão. No final, quando Manon morre, Desgrieux não perde a *pose* correta com que desde o começo tem mantido o seu *aplomb* de papalvo regenerador e, com os últimos e medidinhos suspiros que ela dá, ele declama umas frases bonitas, ela morre e ele vai-se embora muito fresco da vida e... Na *Manon* de Puccini, ao contrário, há paixão, há vigor, há vida intensa; os críticos preferem a de Massenet e apontam falhas na do autor da *Boêmia*, mas o italiano da torrinha – o pobre-diabo, todo alma, e a quem o passado imenso de cultura artística da sua raça inoculou no sangue um senso estético mil vezes mais aperfeiçoado do que os desses galegos importados de Portugal para atamancarem críticas pedantescas plagiadas do Larousse nos nossos diários, esse fulgira de entusiasmo e de emoção ante a música arrebatadora de Puccini permanece glacial ante as decantadas perfeições do maestro francês; ele não compreende a beleza do riacho sereno com canteiros à margem; ele ama o rio impetuoso, irregular, ora despenhando-se num fraguedo escachoante, ora espraiado em mansa calmaria, às margens apopléticas de bruta vegetação, árvores seculares pendendo tufos de verde intenso, esfrolando as águas nas ramarias loucas.

Ele acha o outro muito fino para ele e prefere o que o comove ao que os críticos enaltecem e apoteosam entre pilhas de termos técnicos e citações de autoridades... É por isso que Puccini causa delírio sempre; todos o sentem, ao passo que os *músicos de escol* necessitam – (quem fala aqui é o crítico clássico) – ser compreendidos. Compreender a arte! Compreender a manifestação dos sentimentos! Disparate cabeludo, tanto como sentir ciência, sentir um problema de geometria. Um pavor de asneiras e no entanto eles (o *ils* de Tartarin, os críticos) superiormente o proclamam do alto dos seus tamancos, repimpados na sua proverbial burrice.

* * *

Não foi sem razão que D'Annunzio, acastelado na torre de marfim da sua superarte atirou para o resto do mundo um atrevido: "Bárbaros!".

No mundo latino a Arte é a Itália, como no mundo germânico a Arte é a Alemanha.

E Verdi e Wagner; dois símbolos, as duas sínteses das almas das duas grandes raças. Um é todo alma latina: quente, apaixonada, sol; outro é todo nebulosidades germânicas: pureza, grandiosamente. O resto do mundo, quando penetra em domínios da Arte, é incidindo na apóstrofe de D'Annunzio: "Bárbaros!". Na França o espírito fundamentalmente crítico dos seus artistas não permite a exclusão brutal dos grandes gênios, dos gênios instintivos como Mascagni, Puccini, como Donizetti, Beethoven; Saint-Saëns, Massenet, Thomas, Auber, Berlioz são artistas perfeitos, mas de asas curtas; planejam no ar mas não atingem as nuvens.

Falta-lhes sol, esse sol da Itália, fecundante e criador, falta-lhes a natureza alegre, exuberantemente alegre, natureza que obriga ao culto da Beleza que é o culto dela mesma; falta-lhes o ar cândido da Alemanha com brumas silenciosas coifando os rios formosos ladeados de velhos castelos medievais cobertos de hera verde-profundo, onde cada pedra limosa poreja uma lenda ingênua de anões, de fadas, de valquírias, de jotuns.

Fora daí: bárbaros somente.

LOBATOYEWSKY

(O *Onze de Agosto*, nº 4, 30 de outubro de 1903)

Uma pequena anedota desenvolvida por Lobato com a mesma malícia e brejeirice empregadas em "Rubis", "Como se escreve um conto", e outras. O contraste entre essas histórias e os contos trágicos de Urupês *é enorme. Não há, na literatura do* Minarete, *ou melhor, na produção de* Monteiro Lobato *da mocidade, a nota trágica.* A *vida ainda não machucara o escritor. Tudo eram flores e sorrisos, a vida se resumia numa risonha esperança.*

Tão ingênua!

No dia em que Leonardo, já quarentão, ligou-se pelos sagrados laços do himeneu com a tentadora Nisa, houve na vila muita gente prática que murmurou uma série de *hum! hum!* muitíssimo significativos. Nisa era um prodígio de carnes entontecedoras, um perigo para o asceta mais rijo e o próprio Xenócrates talvez se sentisse envolvido no capitoso perfume – *odor di femini* – que Nisa sutilmente exalava. E o garbo do andar? Com que sedução caminhava compondo um rastio harmonioso de movimentos sensuais e empolgantes! Ah, Nisa! Ah, filha de Psique! Entretanto Nisa era a ingênua mais perfeita da vila; um anjinho, puro e inocente, de nenhum modo culpada do estranho ardor de volúpia com que a natureza a revestira. Tão ingênua que foi casar-se justamente com o Leonardo, um quase velho; não via na união do homem com a mulher um meio de legalizar os mistérios de Afrodite; via uma união amiga como a de irmã com irmã.

Era a própria ingenuidade, e a prova é bem fácil. Depois de casada, numa viagem que o imbecil Leonardo teve de fazer, à despedida o pobre marido caiu na tolice de dizer à jovem consorte: "Minha filha, vou me ausentar; tu és formosa e cheia de seduções; na vila há muito moço que só cuida em conquistar; vê lá se à minha volta o espelho me fará a triste revelação de estar eu incluído entre o número dos galheiros".

Disse e foi-se, deixando a pobrezinha na mais profunda cisma; não atinava com o sentido daquelas palavras; em vão espicaçava o cérebro, ele nada lhe adiantava. Cansada afinal, desistindo de achar a chave do enigma, foi ter com uma amiga pedindo auxílio. Falaram baixinho; Nisa corou e voltou para casa intrigadíssima.

* * *

No dia da volta de Leonardo, Nisa ansiosíssima o espera, a ver se de fato se realizou a profecia da amiga, e, quando o marido entrou, a moça, antes de mais nada, correu a tirar-lhe o chapéu e examinar a testa. Vendo-o como dantes, a adorável ingênua, com a graça mais encantadora deste mundo, o repreendeu: "Mentiroso!".

YEWSKY

(O *Povo*, Caçapava, 17 de setembro de 1903)

Em 1909 Monteiro Lobato acentuava que o único de que se julgava capaz seria uma espécie de Journal, *como o dos Goncourts, uma coleção de ideias e impressões, com leves apuros de forma e filosofia. "Afinal de contas, somos cada um o centro do Universo." Não há, acentuava, maior prazer para o nosso egoísmo do que gozar a sensação da nossa personalidade. "Um diário conserva a imagem do 'Eu' no passado, fomenta-nos, portanto, os instintos do egoísmo, desse modo redobrando a sensação dos 'eus' passados, isto é, das nossas fases evolutivas. Se um espelho comum já nos dá prazer, que valor não é um espelho restrospectivo que nos dê a cara dia a dia pelo espaço de anos! O 'Diário' é esse restrospecto da nossa inteligência."*

Diversas foram as tentativas de Lobato no gênero: "Memórias de um esquisitão", "Memórias de um velho", "Da minha janela", "Tempos d'outrora", "Páginas dum diário", "Vidinha de todos os dias", e tantas outras páginas mais nas quais evoca o passado, mostram que a ideia o perseguiu por muito tempo. Faltou-lhe, no entanto, persistência para levar adiante qualquer dos diários iniciados. Em "Memórias de um velho" – um título falso, pois quando o escreveu contava de 21 a 22 anos de idade – Lobato revive o "Cenáculo" em páginas autobiográficas do mais alto interesse para todos quantos tencionem estudar-lhe a vida, particularmente no período acadêmico, isto é, nos dias do Minarete *e do Café Guarany.*

Diário dum esquisitão

I

Um dia mudei-me para o deserto, um arrabalde pobre, ermo de casas, perto do Cambuci. Mudei-me repentinamente, estouvadamente. Havia almoçado e sem um motivo qualquer meto-me no primeiro bonde que se me depara e desço-me num ponto qualquer; tomo uma ruela lateral, subo um morro, encontro no alto dele um segundo andar vago, visito-o; a vista me seduz, alugo-o, volto para casa, arrumo os meus tarecos, encaixoto os livros, meto-os numa carroça e toco para a nova morada.

Lá chegados, eu, o carroceiro e o burro, este não pôde subir o morro.

Pudera!, ia dentro da carroça um livro do senhor Lacerda de Almeida!

Eu me aflijo, o carroceiro idem, e o pobre animal também se aflige, o coitado, tentando em vão arrastar a carga.

Nas imediações acode gente à janela e todos se afligem com o incidente, e tanto que muitas pessoas se destacam e vêm pressurosas ajudar o burro. Uma pegava nas rodas, outra empurrava, eu com a ponta de bengala ajudei um pouco e, afinal, entre gritos, instigações, chicotes, lá subiu a carroça ao alvo da minha fantasia. Instalei-me imediatamente, arrumei tudo e às cinco horas da tarde, cansado e morto de saudades, eu voltava à cidade, à vida, ao rumor. O Cândido denominava a minha nova morada de

"L'Hermitage" (ele andava lendo "Robert Helmont") e realmente nenhum nome era mais cabível; um verdadeiro eremitério.

Silêncio absoluto; o rumor da cidade não chega até meus ouvidos e sei que estou no mundo unicamente pelo *tem-tem* monótono dum ferreiro distante e pelas crianças da vizinha que brincam sob a minha janela. Fora disso, mais nada: silêncio, solidão.

À noite vejo a cidade toda cheia de pontinhos luminosos em tempos de estrelas, parecendo um prolongamento do céu. Defronte existe uma casinha donde sai às vezes uma carinha adorável de italiana.

E só. Sinto-me completamente isolado, sem coragem de pensar ou de agir; o repentino da mudança, o contraste da vida turbilhonante e movimentada com esta quietude de morte me põe paralisia no pensamento. Não penso, não sei o que hei de pensar, estou como morto, e nem coragem de ler eu tenho.

À tarde saí a passeio, percorri logo em quinze minutos todo o meu bairro. Fui à venda prosear com a vendeira, uma boa italiana moradora aqui há nove anos. Eu havia saído de sobretudo, chapéu duro e luvas, me apoiando na bengala como um convalescente. A minha pose, me fingindo de doente! Adorável! As mulheres da rua Mazzini me olhavam com curiosidade, os homens com rancor, e eu, sereno, superior, com ares de milionário em vilegiatura, percorri toda a rua em passo calmo de velho. Na volta introduzi-me numa rodinha de italianos. Falou-se de tudo, do papa, da língua italiana, de dialetos e enfim de literatura... Sim, de literatura, e eu exultei sequioso como estava por uma palestra, exultei de encontrar o Aurélio, um belo tipo de toscano, um anarquista, um leitor assíduo de Zola e de Kropotkin. Levei-o ao meu quarto, confessei-me também anarquista, falei da solidariedade humana, da segurança social e por fim despedimo-nos amigos. É um belo homem, fronte larga de sonhador, falando admiravelmente o italiano; prometeu iniciar as minhas relações com a gente do bairro. Vou talvez ser apresentado às minhas belas vizinhas, das quais, já soube pela vendeira, morreu há tempos o pai.

LOBATOYEWSKY
(O Povo, Caçapava, 15 de outubro de 1903)

Memórias de um velho

II

São estas as minhas memórias, ou antes, o meu diário. Escrevo-as para matar as saudades pela evocação de dias felizes. Se algum dia aparecerem publicadas saibam todos que o foi devido à bisbilhotice dalgum neto ou dalgum amigo; eu não o faria nunca; que importa o mundo com a minha vida?

Dia 2 de setembro. – Desembarquei ontem. Estava um sol tirano, luminoso, a cegar a gente. Suei como nunca. Vim aboletar-me na Pauliceia num malfadado 202 que cá possuo.

Que sol, meu Deus, que sol o de ontem! E não há um remédio contra o sol.

Dia 5. – Encontrei São Paulo muito crescida, muito bonita, muito asseada, porém muito banal. Como ela mil cidades existem no mundo e como ela são todas as cidades dos Estados Unidos. Em nada expande uma originalidade da raça, em nenhum edifício e em nenhuma instituição um cunho do caráter nacional quebra a monotonia da mesmice. Parece um tabaréu *parvenu*, o aristocrata, procurando medir todos os seus atos pela áurea média, receoso de escorregar no ridículo e incorrer em cochichos zombeteiros. Copiou tudo, adaptando ou modificando de leve, sempre com olhos desconfiados a sondar a opinião dos vizinhos.

Dia 7. – Hoje pela manhã saí a procurar vestígios dos chatozinhos da mocidade, deliciosos paraísos impregnados dos sonhos e das ilusões felizes dessa época feliz. De todos eles o que mais saudades me inspirava era o minarete do Belenzinho, delicioso chalé onde vivi um mês com o mais incorrigível sonhador deste mundo: tinha oito janelas abrindo para um panorama imenso, paisagem civilizada, com bananeiras copiosas, ameixeiras de folhagem cinzenta e a cidade ao longe, rumorejante e embaciada.

Dum lado quase tocávamos a galharada espinhosa duma velha paineira, musa do meu poeta e fonte de assunto aos visitantes de parolice exangue. Quando florescia era um só buquê gigantesco de pétalas rosadas e cheirosas. Depois, lentamente, essas flores evoluíam durante meses até se transformarem em grossas lágrimas verde-escuras, penduradas, quietas, mudas, se balançando pausadas aos balanços do vento.

Era o minarete. Os muezins primitivos, Rangel e Bruno, viviam uma vida natural só ocupada da arte e de natureza. Lauto banquete era a refeição em que figurava uma lasca de salame ou uma fatia de carne; de pão e banana se compunha a alimentação ordinária. Não eram gastrônomos, pouco incomodava a matéria, viviam com as cabeças mergulhadas no nevoeiro do Ideal.

Rangel trabalhava como um louco dizimando em caçadas minuciosas os "quês" de inúmeros contos escritos uns em cima dos outros, estudando Daudet e Zola, traduzindo Victor Hugo para ganhar o ritmo; Bruno atirado na cama vivia sonhando... Sonhava magníficos sonetos que lapidava depois cuidadosamente. Na parede, escrito a carvão, para encabulamento das visitas, se lia: *Aqui só se come pão do espírito* – e mais adiante – *As visitas dos profanos só poderão durar dez minutos*.

Só não era profano quem pertencia ao Cenáculo; entretanto, se os olhos encafifados dalguma visita davam com a cruel inscrição, a delicadeza excessiva e irônica do Rangel se encarregava de provar que não se referia a ela aquela perversidade e sim aos outros. "Que outros?", perguntava às vezes algum de Beaucaire. "A todos os outros com exceção do senhor", respondia o anjo do Cenáculo.

Todo um mundo de recordações me vem à memória enquanto o bonde para lá me levava. A nossa adoração fanática por Daudet e pelo Eça, as visitas domingueiras do Raul, as excursões a três pelos campos circunvizinhos, as framboesas, as entradas às vendas para engolir holandinas e sambucas, as intermináveis alusões ao "Tartarin" que sabíamos de cor, os enternecimentos de Bruno diante dum tico-tico, da primeira estrelinha medrosa que vinha na frente do rebanho anunciar a noite, dum sino distante sonoramente saudoso, cheio de alma e de tristeza... versos, Bilac inteiro recitado, sonetos cantados à surdina, outras vezes berrados em voz potente a desmodorrar o ambiente parado... Oh!, aquelas tardes, aquelas noites...

O bonde chegou e eu desci apressado, mas triste; um vago pressentimento me tolhera a alegria de ir reviver o delicioso momento do passado. Não me enganara ele; nada achei do minarete querido. Em seu lugar um boçalíssimo palacete alvarmente incolor habitado por um negociante de fivelas aposentado. A paineira cortada e a própria terra avermelhada da rua desapareceram sob a sórdida uniformidade do calçamento a paralelepípedos. Oh!, civilização! Deu-me um nó na garganta essa madrasta da poesia.

Dia 9. – Como é doce o reatamento inesperado duma velha amizade!

Tive ontem esse raro prazer.

Havia saído depois do jantar a respirar umas horas de centro da cidade, apreciar o bulício da rua XV e gozar desse inefável prazer da solidão no meio do formigueiro humano.

O Triângulo fervia no habitual burburinho das grandes artérias. O percuciente *tem-tem* dos bondes rolava de mistura com o *bruaá* da multidão. Dos cafés saíam ondadas de bafo quente. O bisbilho confuso e incessante feito de mil rumores diversos me embriagava levemente. Sentia-me ganho pela perigosa volúpia do bulevar, essa volúpia de todos os sentidos afogados ao mesmo tempo, esse vício sensualmente confuso formado pela essência sutil de todos os outros vícios reunidos, fundidos, amalgamados e destilados no grande cadinho do Requinte.

A minha velhice a esse bafio sumia-se aos poucos dando lugar a uma artificial mocidade.

A vida ambiente do bulevar tem a propriedade de uniformizar tudo, e até no termômetro da idade ela assinala um mesmo grau para todos, velho ou criança. É por isso que na rua sentimos se esvair a nossa individualidade diluída pelo capitoso ambiente geral, a que bem cabe o nome de fluido igualitário do asfalto.

Impregnado desse fluido perambulei largamente a passadas lentas, inconscientes, e num dado momento me achei sentado a uma mesinha de café.

Estava ali fazendo o café, de pernas cruzadas, charuto pendurado na boca, quando uma voz conhecida vinda de muito longe, do passado, me enterrou na alma as facas da alegria.

– Oh! Yewsky!

– Té! Raul!

Houve um abraço longo, demoradamente longo; dois risos pletóricos de satisfação em duas caras cujos olhos se devoravam incansavelmente.

Raul era uma dessas incrustações de amizade ampla, absoluta, imutável, apagadas na alma dum homem por uma rápida sedimentação ao claro sol da mocidade. A natureza faz pares de amigos como faz pares de amantes; Raul era um amigo já feito pela natureza, já completo, já acabado quando nos conhecemos; o trabalho nosso foi nenhum; o conhecermo-nos foi um simples episódio sem importância em nossa vida afetiva; já ela existia naturalmente; à nossa primeira palestra tivemos a sensação duma amizade velhíssima reatada naquele momento.

Separados um dia, vinte anos existiam de permeio entre o momento do re-encontro e o difícil momento em que Raul na estação me sacudia os braços ao partir do comboio e me dizia em voz amiga fazendo um largo gesto: "Olha! Quero cartas desta idade, cartas velhas...".

– Mas você, Raul! – ria eu.

– E você, Yewsky! – sorria ele me comendo com os olhos úmidos de alegria brilhante. – Você! E velhusco já! E meio careca, Yewsky!

– E de reumatismos – acrescentei eu.

Raul levou a mão ao ouvido e aproximou-se:

– Hein?

– Surdinho, sempre, surdinho, hein? Mas o Raul aqui! O Raul! Olhe que há vinte anos que não te vejo. Deixe saciar os meus olhos ávidos, deixa-me te olhar gulosamente, sibaritamente.

E olhávamos-nos por um prolongado minuto em babosa ternura. Eu tinha vontade de chorar.

O Raul, o Raul de 1902, o Dom Rui dos "Ohs!" evocativos e admirativos! O Raul, o coração do Cenáculo, a alma de moça de todos nós, a ternura em carne... Mas como estava outro! Nem parecia o mesmo. A maturidade da vida levara-lhe a cabeleira romântica e a gravata de laço borboleta numa eterna pose de inspiração. Gordo!... estava gordo, de abdômen saliente, pesado, bochechas papudas, mãos fofas de gordura.

– Infame – berrei eu –, pois tu engordaste, Raul, tu, o inimigo intolerante da ádipe burguesa, o Marat dos abdomens! É simplesmente abracadabrante! Aposto como tens prole...

– Cinco meninas e quatro meninos – gemeu o trânsfuga.

Não contive um berro de indignação.

– Nove filhos! Pois tu tiveste a coragem de... nove filhos! Manes do diabo! Nove filhos! Nove!...

– Acalma-te, sossega, Yewsky.

– Qual sossega! É impossível! Vou ter um pesadelo formidável esta noite; nove, nove, nove filhos...

– É verdade – fez ele pensabundamente –, transmiti a nove entes o legado da miséria humana. Mas que fazer? É a lei da natureza... – concluiu ele resignadamente acendendo um charutão.

– E o que fazes? – perguntei.

– O que faço? Ora, está aí uma pergunta difícil. O que faço... Vivo, vivo... a criar filhos, a criar barriga. E... é isso... E que remédio, meu velho? Mas entretanto não me arrependo, são o consolo da minha vida, os filhotinhos.

Conversamos uma hora e despedimo-nos convidado para jantar com ele no dia seguinte. Não dormi nessa noite.

Até a madrugada estive a rememorar a nossa antiga amizade, a nossa antiga boêmia.

Conheci esse precioso amigo em 1902, ano da fundação do Cenáculo. Como bom brasileiro, fazia-me por esse tempo fazerem-me bacharel; estava, creio, no terceiro ano.

A Academia nadava numa pasmaceira alvar. Tradições, estímulos, vida acadêmica, tudo bocejava sob espessa camada de bolor. A fundação de grêmios e de jornais desmoronava ante a indiferença geral.

Esse ambiente idealista, pugnador, revolucionário dos agrupamentos de moços, esse ar de sofreguidão irrequieta, de anelos fortes, de ideais bisbilhantes, tão necessário para manter o espírito de classe e desenvolver as aptidões fora invadido e conquistado pelo marasmo da época.

A Academia não era mais Academia, mas sim um reles prolongamento da rua; o fluido igualitário do asfalto amoldara-a à calmaria morna que reinava em todo o país.

Cada qual ou estudava ou vadiava por sua conta própria, individualmente; o espírito de coletividade que aguça os estímulos e dá originalidade à vadiação jazia amortecido.

Desesperados com esse mole estado d'alma os rapazes formaram grupinhos à parte sem ligação com o mosteiro venerando, deliciosos grupinhos onde as afinidades naturais de sentimentos e de ideais eram o único sólido laço que os amarrava. Um desses grupos se chamou Cenáculo.

Delicioso momento! Revendo-o hoje, no campo da memória, já tão apagado pela perspectiva do tempo, eu sinto não ter a pena animada pelo Gênio da Evocação para revivê-lo, o mais suave ponto luminoso da minha vida acadêmica. A história do seu nascimento é bem simples!

Havia um poeta, um filósofo, um crítico, um orador, um jornalista, um diletante, uma alma e talento espalhados pela Academia e fora dela.

Uma mesma ideia imperava em cada cabeça: um vago socialismo; um mesmo sentimento em cada coração: o amor à Arte.

Essa ideia e esse sentimento foram aos poucos, um por um, enfeixando os vários temperamentos; a palavra CENÁCULO etiquetou o feixe.

O poeta chamava-se Ricardito, o filósofo Albino, o diletante Cândido, a alma Raul, o talento Rangel, o jornalista Tito, o orador Lino, mais tarde entraram um espírita, Júlio, e um místico, Nogueira.

A primeira sessão foi no quarto do Cândido, à rua do Paredão.

Que noite aquela! A recente ligação dos primeiros cinco cenaculoides causara um deslumbramento em cada um. Cada qual parecia, ao desvendar a alma do outro, ver sua própria alma, tão grande eram as semelhanças.

Foi noite dos projetos grandiosos essa.

O Cenáculo ia reformar o mundo, modificar as leis do Universo.

Uma arte nova ia surgir, uma ciência e uma filosofia inéditas.

O órgão da revolução seria uma revista, mas que revista, santo Deus!

Que mimo e que arte!

– A parte material estará de acordo com a parte ideal; um artigo de polêmica será impresso num papel forte, áspero, vermelho, cheirando a pólvora; um estudo sobre a mulher, em papel palidamente rosado, cetinosíssimo, recendendo a carnes capitosas; por toda parte aquarelas, águas-fortes vibrantes, traços de mestre – dizia o crítico entusiasmado.

– Eu proponho um jornal político de vistas largas, esteado numa sólida convicção e guiado por uma reta intransigente. Um jornal de combate, mas de combate sereno, impassível, marmóreo – discursou o jornalista gesticulando largamente.

– Não – gritou o Lino –, deve ser uma arma de combate, uma catapulta violenta, uma nuvem de cólera surda suspensa na cabeça da sociedade a fulminar as infâmias com espantosos raios, um ribombo contínuo, prodigiosamente esmagador, um assombro de tormentos, uma epopeia de cóleras, um tufão de coriscos – e atirava gestos de Mirabeau, os olhos em chamas, rubro, candente de entusiasmo, um leãozinho enraivado a sacudir a juba.

Albino rompeu o seu mutismo de sempre para, calmamente, filosoficamente, propor que lhe reservassem um cantinho onde ele lançasse ao mundo o seu confuso sistemazinho de filosofia hiperpositiva.

– E eu quero uma coluna – ajuntou o Tito com um gesto imponente – para pregar a revisão, o parlamentarismo, a...

– Nunca! – saltou o Lino. – Nunca paliativos infames! O mal não tem cura; é preciso arrasar tudo, não deixar pedra sobre pedra, arrancar todas as raízes, arar o campo das ideias, nivelar tudo, estercar tudo e plantar as sementes da Ideia na planície varrida.

– É utopia isso – atalhou o crítico –, a regeneração da humanidade há de se fazer pela Arte unicamente, só ela agindo no sentido humano poderá dar unidade a esse Sentimento. É o Sentimento o guia do Homem; educai o Sentimento, dê-lhe unidade e terás aperfeiçoado o homem.

– Educar, não – interrompeu o Robespierre –, arrancá-lo, extirpá-lo, para dar lugar aos germes do Sentimento novo. Nada de piedade, nada de aproveitamentos. Está tudo podre, destruamos tudo, portanto.

E assim foi a noite primeira do Cenáculo; as ideias borbulhavam e nos cérebros em catadupas se entrechocavam com rubro fragor.

As identidades de natureza insuflaram em cada um a alma dos outros e um poderoso fluido de sugestão fazia brotar um número fabuloso de ideias.

Adormecidas sob a falta de oportunidade elas viviam em estado latente em cada cabecinha; a discussão, a excitação do momento, o entusiasmo as fazia rebentar em cintilas fulgurantes. Num momento de maior entusiasmo a corrente elétrica que fazia delirar a assembleia ganha a própria impassibilidade do filósofo Albino e tão desastradamente que ele quebra com o cotovelo o espelho do Cândido. Foi um *óóó!* geral e todos deixaram a Ilha da Utopia para vir descansar no gozamento do encafifório filosófico.

Data dessa noite a fundação do Cenáculo. Alguns meses depois entraram Ricardo e Raul. A sede das sessões era então uma das mesinhas do Café Guarany. Toda noite, das sete em diante, em redor dela se reuniam os cenaculoides já por esse tempo despidos do entusiasmo brutal dos primeiros dias.

Uma calmaria serena imperava; transfundidos uns nos outros pela sofreguidão de confidências, já nos conhecíamos a fundo, e o encanto primitivo degenerara em amorosa ternura, em serena amizade. Ricardo entrou acompanhado de Raul; foram apresentados, não houve frases de estilo porque era lei fundamental da associação um ódio de morte às chapas. Havia até um fiscal incumbido de apreender todas quantas escapassem num momento de descuido e arquivá-las. Valia uma cerveja cada uma.

A delação estava no auge; em cada sessão choviam denúncias implacáveis.

– O Albino, ontem, ao ser apresentado a um tipo, disse que "*estimava conhecê-lo*" – denunciava, por exemplo, o fiscal.

– E você escreveu uma carta a fulano e pôs no envelope "*Ilmo. Sr.*", chapa nojenta – protestou o Albino.

– Pois bem, permutemos as denúncias; eu restituo a chapa que cometeste em troca da que cometi; estamos quites, portanto.

E assim era; nunca a cerveja apareceu porque o fiscal era chapadamente peculatário e se o Cenáculo não o demitia era para não incorrer na pavorosa chapa de demitir um funcionário criminoso.

À apresentação dos novatos ninguém "*estimou conhecê-los*". Foram se sentando como conhecidos de vinte anos. No momento da sua chegada nós combinávamos uma brincadeira. O Tito geria um jornal diário, *O Tempo*, no qual havia uma seçãozinha onde vinha descrita num luxo abracadabrante de frases a careta do dia anterior, se *ensoleillée* ou chuvosa ou calma. Nessa noite o Cenáculo em peso ia colaborar na tal seçãozinha. Cada um devia produzir uma frase. Dividiu-se o dia em cinco pedaços correspondentes aos cinco colaboradores e o Cândido – a quem coube descrever a madrugada – dava tratos à bola para descobrir se chovera na véspera ou não, quando Ricardo e Raul entraram.

Interrompida momentaneamente a faina, logo depois da rápida aclimação dos bisonhos, por sua voz unânime, deu-se o lápis ao poeta para descrever num soneto o tempo do dia anterior. E ele o fez, num momento, apesar do barulho, das risadas, das *boutades* com que o atormentávamos. Saídos dali começou a perambulação pela noite em fora, ao luar magnífico. Sob cada lampião das ruas já desertas paravam todos e o Ricardo, no meio dum silêncio religioso, recitava uma poesia da sua lavra. Foi nessa noite que eu comprendi a alma da poesia, ou antes, a poesia do verso. Até então poesia era para mim um sinônimo de verso e este, um elegante *tour de force*, uma dificuldade vencida.

Lia versos porque é crime não lê-los; mas eles ressoavam nos meus ouvidos friamente, como bronzes antigos, como pompas consagradas, como belezas de convenção. Nessa noite eu senti a poesia viver. Os sonetos caíam dos lábios do poeta vivificados estranhamente, com a vida intensíssima das evocações em sonho. Eram versos descritivos, pinturas de cenas do campo, onde sussurravam bambuais ao arfar sutil dos ventos, onde rechinavam saudosos carros de bois, longe, bem no fim da estrada, numa nuvenzinha de pó, onde surgiram casinhas de sapê, envoltas em verdura intensa com jequitibás ao fundo e montanhas de safira cortando o céu.

A simplicidade eloquente da sua pronúncia sonora aliada ao ar sonhador de rapsodo inspirado dava uma alma inebriante aos seus versos impecáveis. A minha sensação nesse instante só se reproduzia mais tarde em Veneza, numa noite de gôndola, no Grande Canal, ao chegar-me aos ouvidos as diluências duma longínqua canção de amor, garganteada talvez por algum amante feliz sob a janela de sua Laura formosa. Que prazer sublime! Senti a alma como que embrulhada num pedaço de manhã, diáfana com laivos de sonho a esvoaçar em torno.

Essa fugidia ilusão que chamamos Ideal e que foge de nós como a sombra à luz deixou-me nessa noite por breve espaço afagar-lhe a juba macia. A Lua no alto boiava serena e pálida; havia aromas suaves pelo espaço; o frescor da noite tinha a morbideza do frescor das flores e as luzes punham manchas de ouro trêmulo no escuro parado do ar. Que noite aquela! Que noite e que sonho!

Dia 15. – Passei o dia de ontem com o Raul. Mora numa casa amarela da rua dos Guaianases, com sogra, um alarve de fedelhos, mulher, cunhados, cães, gatos, pretas velhas, o diabo. Uma arca de Noé.

O Raul faz de patriarca com o seu longo abdômen em saliência. Que transformação! Eu que o conheci pelintresco, de cabeleira fatal, de gravata inspirada, literato, cheio de sonhos, fantasiados fofos ninhos de amor, rodeado de crisântemos, enleado em madressilvas cheirosas, com um luminoso anjo de olhos profundamente negros a sonhar com ele, a chuchurrear com ele pelas tardes de abril páginas de Daudet e de Eça, a trincar bombons cheirosos, a evocar as doçuras do passado, a desfiar sonorosos beijos... Vê-lo agora criador de raulinhos manhosos, acorrentado pelas inefáveis cordas do himeneu a um fardo de toucinho que acode ao nome de dona Vestribunda, atordoado pelo vozeiro de trompa da sogra imensa, um Sinh'Anão de bigode, verruga vermelha ao lado do nariz, ferozmente sanguinária, abelhuda, cheia de partes, de pudores encarquilhados... Pobre criatura!

– Pois é isso, Yewsky – dizia-me ele, a custo, resfolegando suarento –, é isso que vês... filhos, mulher, sogra...

– E de ideias meu caro, que ideias tens hoje nessa telha? – perguntei.

– Nenhuma, Yewsky, esta vida, este berreiro, este paquiderme de Sinh'Anão a ralhar, a berrar, a torcer o bigode, a caçar a verruga, mataram as minhas pobres ideias a fogo lento, hoje não me animo mais a pensar. Devaneios, arte... sonho... tudo me é estranho; o movimento literário do país, as modernas teorias, essas coisas todas são como se não existissem. Só cuido de saber do preço da banha, do sal e do querosene para não ser roubado pelos vendeiros. Dos jornais só leio, e às pressas, a parte comercial, o câmbio, o café. Não tenho um minuto de sossego; os dias, os meses, os anos, passo-os a lidar com as crianças, a botá-las em colégios, a ouvir as lamúrias da Vestribunda e aturar as insolências de Sinh'Anão. A princípio lutava, impunha a minha vontade, era o galo, mas por fim fui cansando cada vez mais e um dia deixei-me vencer. Sinh'Anão pôs-me o pé na garganta e... e aqui estou, a ganhar, a produzir, a trabalhar como um mouro. E a... a sogra é que dirige, é que faz, é que resolve, eu sou o burro de carga; a Vestribunda é o que vês, uma boa criatura, porém lesma até ali, incapaz duma ideia, duma resolução, de mudar uma palha. E a minha vida, Yewsky, é isso...

– É o meu inferno, deves dizer.

– Não, é engano teu. Já me habituei e vivo maquinalmente feliz. A filharada consola-me, dá-me alento e forças para a luta cotidiana. Ah!, os filhos... É preciso tê-los, Yewsky, para saber o quanto amenizam as agruras da vida com as suas peraltices, até com a manha.

Nisto passou pela sala, correndo, uma forte menina de 3 anos, morena, corada, rechonchuda. Raul chamou-a:

– Vem cá, Elisa.

A menina olhou-o risonha, com uns formosos olhos castanhos cheios de suave meiguice, e veio correndo agarrar-se ao colo onde ficou encolhidinha, com um fura-bolos na boca, a me espiar desconfiadamente. Raul olhava-a enternecido, os olhos a babarem desvanecimento.

– Elisa, diga adeus a este moço.

– Ah! – fez ela, encolhendo-se mais.

– Diga, filhinha, pergunta-lhe como vai.

– Ah! – fez ela de novo; escapando-se da prisão, lá se foi a correr pelo corredor adentro. Raul acompanhou-a com os olhos babosos, e quando a pequenina desapareceu ele teve um comentário perfeitamente pai:

– Muito engraçadinha, muito dócil, muito obediente....

Conversamos mais alguma coisa e quando Raul, levado por um velho hábito, ia evocar o passado, tapei-lhe a boca incontinênti.

– Não! Não! Não falemos do passado neste lugar; aqui o presente não admite evocações; o ar está muito cheio da tua sogra, dos teus pimpolhos e da tua mulher; o passado é nuvem de gaze muito tênue e para evocá-lo é necessário fugir da rudeza do presente, refugiar-se numa solidão antiga; amanhã te espero no velho Guarany e lá então, na mesinha do Cenáculo...

– Oh!, o Cenáculo! – geme Raul.

– Nós passaremos horas a reviver o delicioso momento. Adeus. Recomendações a dona Vestribunda e ao alarve da tua sogra.

Detestava a inércia do meio-termo. A áurea média dava-lhe apoplexia de cólera. Habitava sempre o polo das ideias. Era extremado, fanático, genial. Desesperava-o não ter nascido numa época de comoção violenta onde houvesse povos a guiar, tiranos a esmagar, deuses a ruir.

A lesmice da democracia moderna com os seus tiranetes constitucionais, e reis de papel de seda, fazia-o chorar pelo turbilhão de 89. Em Roma seria um César; no 89 um Mirabeau; no Brasil foi bacharel. Todos lhe predizíamos o futuro! Tu serás deputado oposicionista.

A profecia não falhou. O pedacinho do seu discurso transcrito no jornal desta manhã borbulha assim: "O Governo tem patas de caranguejo e vontades de ébrio. Caminha para trás guinando à esquerda e à direita, fugindo do grotesco para cair na violência, fugindo da violência para rebolar no ridículo.

É inútil, governo inepto, é inútil atravessar o teu desengonçado maquinismo administrativo na frente da Ideia Nova. Ela caminha serena. Ela é a evolução. Contrariá-la é contrariar as leis férreas da natureza, é querer que o sol não dê luz, que a água não molhe, que o fogo não queime, que o ar seja sólido, que os mares morram estagnados, que a vida universal não palpite, que um nosso governo não seja boçal. Ela é a Evolução. Ela traz identificada em si a alma da Fatalidade.

Amontoai empecilhos, governo inepto, fulminai-a de vossas cóleras, insultai-a, caluniai-a, é a missão dos governos – mas nada impedirá que amanhã, no campo arrasado, no meio dos escombros fumegantes desta sociedade putrefata e nauseabunda, com a base mergulhada em sangue e o topo envolvido em nuvens de pólvora, ao som da bomba de dinamite, ao clangor uníssono de milhões de vozes, como um tufão, como a Epopeia da Vitória, como a Suprema Verdade, nada impedirá que a única bandeira hasteada, o único fanal beijado pela Glória, o único foco que irradie calor, o único Sol cujo calor fecundo seja o Socialismo Integral, a Reivindicação Suprema!".

É sempre o mesmo, o mesmo candente paladino, o futuro com borbotões de frases a rolar da boca num escachoo sonoro. Quando ele...

Dia 27. – Só ontem, no Guarany, ante loira cerveja, teve azo o meu Raul de dar franca expansão aos *oh! oh!* evocativos das passadas eras. Tudo quanto naquele mártir da realidade ainda restava virgem das garras de Sinh'Anão brotou e refloriu com delícia. Ainda é o mesmo de dantes.

No fundo, bem lá no íntimo conservou uma gavetinha carinhosamente fechada a cadeado de segredo, cheia de recordações, pândegas, ideias, sentimentos, coisinhas deliciosas, artigos de jornal, primícias literárias, devaneios, flores secas, folhas de malva com "amo-te" feitos a furinhos de alfinete, chumacinhos de cabelo amarrados com fita verde, enfim todas as folhas caídas da árvore da ilusão, as folhas e as flores, e até também os galhinhos secos e as casquinhas. Tudo estava lá num bem-arrumado de moça devota, nunca bulido durante anos compridos. Às vezes, em tarde quieta, quando fumava o seu charuto na preguiçosa e havia um pouco de silêncio pela casa, as crianças brincando no quintal, a mulher tirando o seu cortesinho de sono, a sogra lá nos fundos a tomar o ponto duma tachada de marmelo, Raul abria a gavetinha e, a medo, olhando receoso para os lados ousava puxar de dentro uma flor antiga, a primeira em que pegava, e olhá-la com baba de saudade nos olhos tristes.

Mas um berro de Sinh'Anão ou as passadas dela se aproximando partiam-lhe asperamente o doce devaneio e a gaveta se fechava num gesto brusco de usurário surpreendido.

Ontem a gavetinha abriu-se e o "Senso" do cadeado foi a palavra "cenáculo". Raul revolveu-a com sofreguidão de esfomeado, arejou tudo, até a poeirinha desmaiada do fundo. A chácara das magnólias, o Guarujá, o doutor Virgílio, o Belenzinho, o *Minarete*, os dias rudes de trabalho na Sorocabana, o Viegas, o Maneco, o Alto-Douro, o João Grande, o... tanta coisa, tanta coisa... a mocidade inteira...

Recordou a sua viagem longa desde o primeiro amor até a última ilusão e, novo Virgílio, levou-me por essa rútila estrada a mostrar tudo com palavras que a tudo revivia intensamente.

Num ponto parou, paramos, engasgados de saudade.

A estrada aí alargava-se em tapera e numa tabuleta carcomida, meio podre e esfarelada, já em letras apagadas, Raul leu "CEN...LO"... As outras letras já as aluíra o enxurro do tempo. Só ruínas existiam ali, esmaltadas de uma hera tristonha, acinzentada, com largas manchas de falha, ruínas de ideais grandiosíssimos e de inebriantes ilusões. Páginas da nossa revista prodigiosa lá dormiam num amarelo mirrado de velha virgem ao lado do nosso assombroso jornal – "O GATO" – morto inédito.

Perto, ruínas vagas duma palestra no Fasoli; vestígios dum passeio matutino às framboesas da Mooca; mais adiante a descarnada ossatura do ninho dos crisântemos, um chatozinho sonhado entre verdura agreste, tosco e artístico, imitando um rancho de sapê atufado num turbilhão de crisântemos em eterna e estridente florescência. Em redor, esfacelados e quase pó, esqueletos dum projeto querido animado com ternura de mãe. E cadáveres, e cadáveres de amizades julgadas eternas, de amores sinceramente jurados eternos. E por sobre todo aquele montão saudoso, esvoaçando como paina em ar parado, as almas penadas das ilusões defuntas aos enxames, aos turbilhões...

Um brilho de lágrimas espiou-me dos olhos do Raul, mas fugiu logo amedrontado de tanta gente alegre que em redor, na sala cheia, ria, chupando xícaras de café à luz forte das lâmpadas elétricas num burburinho atual, inimigo do passado.

– Mas onde estão eles hoje, Raul, essa gente toda, o Tito, o Cândido...

– Por aí – fez ele num gesto resignado –, por esse mundo afora labutando como eu, vegetando...

– Mas... vamos por partes, um a um; e o Ricardo, onde está ele? – Raul, que podava nos dentes o charuto, acendeu-o, consultou o relógio estirando para o ar uma baforada azul e para dentro uma líquida ondazinha loira, preparou-se para começar, quando na rua deslizou o vulto negro de uma batina. Raul vivamente fez-me voltar a cabeça e olhar.

– Sabe quem é? – E ao meu ar abobalhado de não: – É o Nogueira.

– Quê! – berrei num espanto. – O Nogueira? O José Nogueira? Padre?

– Pois é verdade – afirmou Raul –, este mundo é talhado no barro da ironia; o Nogueira fez-se padre.

Num assombro quedei-me aéreo, d'olhos abertos, olhos parados, crescidos, olhos de cocaína, sem um pensamento na cabeça. Raul, com melancolia, sugava o copo e num gesto mole pedia qualquer coisa ao criado. Em breve me fui alienando do bisbilho ambiente; não viam mais nada os meus olhos e nada mais ouviam os meus ouvidos. Todos os sentidos fugiram da atualidade e, como netinhos curiosos em redor da boa vovó que sabe tanta história do passado, lá foram rodear a Memória e, atentos, sôfregos de curiosidade, beber as recordações que a flux ela murmurava, enternecida com olhos úmidos cravados no espaço vago, velhinha já de cabelos brancos, narrando com esforço, gaga, difícil...

Viu, nitidamente, encafuado em amplas sarjas mineiras caindo em calças largas que escondiam os botins de bezerro, chapéu de feltro, mãos penduradas no ar, um brilho desvairado no olho, melenas fatais que atirava para cima num gesto sacudido – a explicar os dogmas de uma nova religião contemplativa que, no Brás, em toca propícia, arquitetava e em pleno largo do

Rosário, nas palestras, apoiava em Volney e na Ramáiana (Ramayáná, como dizia) de Valoniky. Foi quando o conheci. Viera de Minas, duma cidadezinha devota, sede dum seminário que cursara até os 20 anos.

Lá nasceu e cresceu, naquele recesso medievo, onde a civilização chegava num rumor desmaiado, um sussurro apenas; em que desconheciam a eletricidade, o confete, Nietzsche; em cujo ar havia um cheiro de teologia e um ruído perene de hóstias partidas, estolas dobradas com devoção e golas de batinas se desensebando a escovadelas de benzinas. Nas rodas intelectuais comentavam-se o angelismo de Santo Agostinho e, em doce êxtase, a finura de Duns Scot.

Como o queriam para padre desde cedo, o empalaram na escolástica, a afiar as agulhas da dialética com que, mais tarde, nos púlpitos, cutucaria, *ad majorem Dei gloriam*, esses hereges da ciência, esses Epencers, esses Pasteurs nefastos. De arte só conhecia a novela do abade Schmidt, os corações de Jesus varados de espadas a pingar roliços pingos de sangue, as imagens de olhos acarneirados olhando em êxtase as teias de aranha do forro da igreja. Talvez só. Um dia, porém, o diabo veio tentá-lo sob a forma dum velho tio que lia Voltaire. Nogueira leu também Voltaire, às escondidas. Assustou-se; cortinas se correram de um novo mundo aos seus olhos espantados. O pórtico dum palácio estranho, nunca sonhado, em cuja cimalha, em letras de luz se lia – Razão –, despertou-lhe o apetite de entrar, de conhecê-lo. Mas a Fé não queria, puxava-o para trás e foi então um combate surdo, sem piedade, sem tréguas. Venceu a curiosidade. Entrou. Sentiu o deslumbramento da Verdade a cujo calor pujante se derreteu num momento a vela de sebo da Fé. Nogueira então, outro já, despiu o cárcere onde queriam emparedar o seu robusto espírito e, sôfrego de vida, abalou para São Paulo, para a Civilização. Mas a mudança foi brusca demais, e ele, o revolucionário de Minas, foi aqui apodado de medieval, de antigualha. Nós caçoávamos.

– Pois você ainda está em Voltaire, Nogueira?

Nós, já estávamos no futebol, em D'Annunzio. Nogueira desesperava; não compreendia o nosso desprezo pelos problemas religiosos, pelas causas cósmicas, únicas coisas – dizia ele – dignas de atenção permanente da inteligência humana.

O positivismo da civilização irritou-o; arremeteu então contra ela, puritanamente, medievalmente, numa reação de profeta. Em seu espírito digladiavam surdamente mil ideias inimigas e Nogueira sofria. Por fim, cansado daquela luta íntima, esmoreceu. Pôs em confronto as duas trindades, a santíssima e a satânica, e com delícia pendeu para a última; e adorou a Carne na mulher, o Mundo da música com cerveja e luz elétrica ao Fasoli e o Diabo na ciência positiva. E penetrou no âmago da civilização, compreendeu-a, e sequioso refocilou nela com volúpia intensa, mudamente, sem comentar, quieto.

Ficou arrasado; sentia-se nele um demolido por um vendaval. Andava numa atonia, completamente esfacelado, incapaz. Foi quando, de súbito, sem dizer nada a ninguém, afundou para Minas e o perdemos de vista. As faces desta debacle de uma alma desfilaram veloz em minha memória enquanto o criado estourava uma cerveja e enchia os copos.

– Mas como, Raul, conta-me isso, como foi essa cambalhota?

– A falar verdade – principiou Raul –, não compreendo muito bem tal reconversão.

– Desde os nossos tempos pouquíssimas vezes tenho estado com ele e isso mesmo ultimamente, de um ano para cá, que é quanto faz que está em Santa Ifigênia. Conversamos pouco, acidentalmente, e às pressas como homens apresentados na véspera, com dificuldade, com caroço. Está absolutamente outro. A mim deu-me a impressão de que é um homem-tapera. Está rugado, destruído. É um mártir da natureza que cometeu um perverso anacronismo pondo-o em nossa época. Nogueira nasceu para ser esplêndido sob Gregório VII, ou viver no século XVI e escrever um *Novum Organum*.

Raul parou, suado, e ainda ficamos ali por uma hora, a recordar o Nogueira místico, o Nogueira boemizado, o Nogueira cético – topada última que o derrubou num mau chão, donde (na frase um tanto pernóstica do meu Raul, adiposo) se ergueu embrulhado na hipócrita escuridão de uma batina.

Estávamos nessa suave confabulação quando as nove horas dum relógio fizeram crescer diante dos olhos de Raul o vulto piloso de Sinh'Anão de mãos nas ancas e um rubor violáceo na verruga (sinal de cólera concentrada). Raul muscou-se afrissurado, e vi-o, lépido pelo terror, enganchar-se num bonde que passava e que mo tirou da vista.

Eu ainda fiquei ali olhando aquele cosmopolitismo de homens que entravam, que saíam, que tomavam café, que cuspiam, a fumar, grugrulhantes, suados, poeirentos. Vi um velho discutindo com um moço que o ouvia indulgente, a atenção a torcicolar nas espirais do charuto sobre a competência de La Sizerane para traduzir Ruskin para o francês; entre cuspilhos amiudados afirmava a superioridade do último tradutor, Mister Strenier, "um naturalista nato".

Tinha a voz pausada, voz de macaco velho e repetia sempre, citando: o meu ilustre amigo Bilac, o meu impertérrito amigo Assis. Não me eram estranhos aquela voz e aqueles modos. Tentei recordar, não pude; eles saíam, o velho gingando o corpo como um macaco e a minha atenção recaiu logo em seguida em dois imberbes alambicados, muito meninos, que demoliam na mesa imediata um ministro de Finanças entre golinhos de gim. Um deles tinha um pigarro impertinente. Saí. Na porta um cocheiro falava do próximo concurso na universidade ao qual concorreria o seu patrão, o doutor Raul Fonseca, cuja jurisprudência copiosa ele vivia a carregar no seu corpo com gananciosa prudência. O outro duvidava daquela escolha, mas o cocheiro acachapou-o com um cochicho diplomaticamente telegramático do qual apanhei palavras soltas, questão fechada... carta... o presidente...

Um bonde passava. Tomei-o e, triste, duma tristeza cansada, deixei-me rolar através da cidade já em meio da noturna *toillete*.

Nessa noite sonhei sonhos apocalípticos dos quais só me lembro hoje que havia um passeio ao Vaticano, umas ruínas exóticas, indiferentes, estupidamente indiferentes.

YEWSKY

(*Minarete*, Pindamonhangaba, 14 e 21 de janeiro, 4, 11, 18 e 25 de fevereiro e 1º de março de 1904)

"Aventuras de Hélio", eis o título dado por Monteiro Lobato a uma série de divulgações literárias. O pseudônimo de Hélio Bruma foi o mais usado pelo escritor. Na justificação de Mundo da lua, *ele explica que na mocidade teve um grande amigo – Hélio Bruma. Até os 20 anos de idade conviveram na maior intimidade. Hélio era idealista, sonhador. Entendiam-se maravilhosamente. Mas a "vida prática" acenara-lhe, e sendo Hélio o mais impenitente dos contemplativos, o jeito era afastarem-se um do outro, e quanto antes, melhor. O "amigo prático" ficara, no entanto, com o "Diário" no qual o sonhador deixara pequenos quadros, paisagens, retratos, instantâneos, sonhos, ideais, revoltas, azedumes. Gaveta de sapateiro de alguém que prometia. "Assombro" não foi aproveitado em* Mundo da lua *nem mesmo nos acréscimos que o autor fez para esse título nas* Obras Completas. *Mas poderia, perfeitamente, ser enquadrado entre tais páginas.*

Assombro

Chovia ontem à noite impertinentemente. O vento gelado assobiava na rua a Canção do Frio – ganindo, chorando. No meu quarto a luz do gás tremulava, muito baça, num amarelo desconsolado e mole, lançando sombras esquisitas pelas paredes. Eu fumava na cadeira de balanço, um livro de Hoffmann aberto na página 101, sobre o joelho, nervoso, aborrecido, como se saísse dum banho de vinagre gelado. A boca seca me ardia e na cabeça parecia estar uma turma de ferreiro a pregar chapas de aço no crânio com pregos de fogo. A pêndula oscilava com uma lentidão ferozmente irônica, e somente o seu *tique-tique* punha um rumor naquele túmulo.

Súbito senti um *frisson* de medo. Os cabelos se arrepiaram, os olhos turvaram-se, cheios d'água. A luz do gás oscilou com violência como se boca invisível a assoprasse. O vento fora gemeu um uivo lancinante que me varou as carnes como punhais de gelo.

Estaquei-me imóvel na cadeira, os pés gelados, as pernas bambas como se lhe tivessem cortado os músculos com uma navalha de cocaína. Eu olhava... o quê? Nada! Olhava à toa, o ar...

De repente a pêndula estremeceu e parou como se um dedo a tivesse detido no ar.

Eu tremia, bêbado de terror, e comecei a ver coisas prodigiosas não sei se com imaginação, mas vi; vi três olhos verdes como algas a passear de um lado para outro da sala; não vi corpo nem cara, só os três olhos, com pestanas que quando se voltavam para mim piscavam esquisitamente.

Se esses olhos pertenciam a algum corpo este devia ser bem grande porque ficam eles na altura do pêndulo – mais de dois metros do assoalho.

Pela minha cabeça passaram mil causas, mil suposições, às vezes eu esfregava os olhos e dizia alto, rindo: "Ora que tolice! É cisma". Mas não, continuavam a caminhar lentamente os olhos de esmeralda, de lá para cá, ora voltados para o chão, ora fixos em mim, a pestanejar freneticamente.

Deu meia-noite apesar de a pêndula estar imóvel, aquelas doze badaladas caíram em minh'alma como doze torres de chumbo derretido. Fiquei aniquilado, esmagado... Eu "senti", eu "ouvi", eu "vi" as badaladas voarem da parede sob forma de serpentes translúcidas sem rabo nem cabeça e virem se aninhar dentro de mim, geladas. Nasciam grandes como sucuris e, à medida que o som morria, elas iam-se liquefazendo até, morto aquele, se reduzirem a um licor viscoso e frio que se acumulava em camadas sobre a pele do meu corpo. E os olhos esverdilhados a andar, a andar... Quando a última badalada se desfez no ar eles começaram a girar em torno da minha cadeira descrevendo uma espiral e tomando uma cor nova para mim, uma cor nunca vista no mundo, nunca sonhada pelos físicos nem pelos pintores. Desisto de dar a ideia dela porque é impossível.

A espiral ia-se fechando e os meus olhos de tal modo se sentiam atraídos pelos olhos fantásticos que me pus de pé a girar inconscientemente sobre mim mesmo para, nem por um minuto, perdê-las de vista; cada vez mais eles se aproximavam e cada vez mais os meus se arregalavam num assombro.

Girávamos, eu e os olhos girávamos lugubremente na sala escuríssima.

Um suor de gelo me inundava o corpo que sentia a sensação de estar numa fogueira.

Os olhos giravam, giravam, aproximando-se. Súbito roçaram em minha face. Estremeci. Roçaram de novo, gelidamente. Uma convulsão derrubou-me de costas no soalho e então vi dois lábios enormes, negros e gretados de sangue se colarem aos meus, e uma...

Quando me acordei do desmaio estava caído ainda. Ergui-me assustado. Seria pesadelo? Não! Impossível. O gás estava aceso. O pêndulo tiquetaqueava. Ouvi bater na janela. Fui abrir. Era um negro todo enlameado que trazia um bilhete. Dizia: "Hélio. A *rapso fiorai Dantec pathos*", e embaixo três sinais misteriosos, três cruzezinhas de três braços.

Voei à janela: "Que é isto, negro?". Não estava mais ali. Na rua deserta só caminhava um cachorro preto. Atirei-me à cama e tomei uma forte dose de morfina para escapar ao pavor. Dormi.

(Das "Aventuras de Hélio")

HÉLIO BRUMA

(*O Povo*, de Caçapava, 24 de abril de 1904)

Curiosa crônica lançando um tema que infelizmente o autor não desenvolveu. É daqueles dias em que, tendo descoberto Nietzsche, sentiu-se tomado de delirante entusiasmo pelo filósofo alemão. Numa carta a Albino Camargo, ele dizia: "Albino, vá atrás desse homem, Albino, manda buscar as suas obras e 'penetra-as'. Só agora é que eu principio a vislumbrá-lo, e tem sido tamanho o deslumbramento meu que sinto-me tolhido, incapaz de pensar. Ele abrange e penetra tudo, sobretudo penetra. Nietzsche estonteia e me embriaga".

Nietzsche deu a Monteiro Lobato a filosofia que sua intuição deslumbrara. Ficará na vida sem sistematização alguma, livre como um passarinho a esvoaçar para onde lhe agrada, levado apenas pelas suas intuições, insubmisso a fórmulas e autoridades.

Psicologia do sono

Esse galvanômetro do erro que é Nietzsche registra no quadrante da irritação um certo número de graus sempre que topa, nas filosofias ou na vida, com a alvar repugnância que anatematiza, em nome do mundo-realidade, o mundo das aparências.

Revolta-o a contínua série de pontapés com que tem ele sido tratado secularmente, a nota de loucura com que o algemaram à rocha do Ostracismo, a privá-lo do óbolo das almas insaciáveis de indagação e saber.

Exaspera-o também a nova incomunicabilidade que modernamente substituiu a antiga, a que é mantida pelas sentinelas do Bom Senso oficial e das Virtudes oficiais.

Grande razão tem o penetrante psicólogo do erro. A unidade da vida humana é falsa. O homem vive duas vidas.

Não falando nessa imensa categoria de fatos, inexplicáveis ainda, em torno dos quais a psíquica humana desvairada constrói hipóteses e cria religiões, basta para levar-me à Convicção o estudo do sono e do sonho. Entrado naquele por um misterioso arrastão, o nosso organismo abre à fisiologia uma parte segunda na qual, apesar de existirem Wundts e Kohischutters, os capítulos mais importantes permanecem em branco.

As suas funções alteram *d'allure* diurna assumindo uma feição outra. Inestudadas coisas se desenrolam nos órgãos.

O ritmo da vida arfa com maior serenidade, uma corrente de placidez circula, apaziguada a sofreguidão vital dos plasmas iniciais, complexos fenômenos de assimilação e de eliminação interferem no curso da evolução anatômica. Grosseiramente comparando, semelha um corpo adormecido a uma cidade durante o decorrer da noite; aparecem os acendedores, os varredores, os carroções de lixo, os irrigadores, e após a faina eliminadora surge a assimiladora, os fornecimentos de pão, de carne, de legumes, de elementos básicos enfim.

HÉLIO BRUMA
(Minarete, 23 de março de 1905)

Depois de ter-se aprofundado em Nietzsche, lavando como diz "todas as cracas da alma", o jovem Monteiro Lobato sentiu necessidade de ar livre, sol, exercícios físicos. Aliviada a mente das preocupações metafísicas, liberto como um pássaro que encontra finalmente o voo, atira-se, para compensar as noites enclausuradas, aos exercícios violentos. Três anos antes Charles Müller introduzira no Brasil o futebol, o esporte bretão, como diziam os jornais. "O futebol", escreve Monteiro Lobato a Godofredo Rangel, "empolgou-me de corpo e alma; escrevo crônicas de futebol e jogo. O futebol apaixona e contunde." E em dois longos artigos Lobato extravasa seu entusiasmo pelo novo esporte, estimulante poderoso que dá resistência, tática, agilidade, calma, golpe de vista, energia moral e física e responsabilidade. E dá também, acrescentamos nós, contusões. O que leva Monteiro Lobato a abandoná-lo às primeiras caneladas. Nunca mais jogou e quando adulto manifestou sempre o maior desprezo pelo jogo, não lendo nada que a ele se referisse, nem frequentando estádios. Pode-se afirmar que o futebol em Lobato não passou de ligeiro "sarampo da mocidade".

Futebol

I

Não se pode dizer que o futebol seja o fator da formidável raça anglo-saxônia, porque ele é um filho dela. Mas não errará quem afirmar ser esse bom filho um dos conservadores máximos da energia imensa da sua loira mãe. E na verdade o futebol é o estimulante mais poderoso que entre os fortes estimulantes encontra o sangue anglo-saxão.

É por isso que se tornou ele o esporte nacional da Inglaterra e da terra ianque. Nos colégios, no Exército, na Marinha, em toda e a toda hora joga-se o futebol, religiosamente, como quem cumpre um dever. É um ritual, quase. Vêm daí, em parte, as eminentíssimas superioridades do inglês e do americano. Porque o futebol dá em primeiro lugar uma grande força física.

Dá resistência. Dá tática. Dá agilidade. Dá calma, sobretudo nas emergências mais escabrosas. Dá o golpe de vista pronto, seguro e firme.

Dá energia moral, porque a energia moral é quase sempre um reflexo da energia física. Dá iniciativa. Dá confiança em si próprio.

Dá responsabilidade. Os porquês de tantos "dás"? Dá energia muscular porque o jogo movimenta a musculatura do corpo, os músculos do pé e da perna em primeiro lugar, e os do torso e do pescoço em seguida.

Essa energia cria a resistência, é lógico, uma sendo recíproca da outra. Dá tática porque nas multíplices fases dum ataque ou duma defesa, num *dribling*, inesperado, num chute falho, em qualquer das mil peripécias da luta, o espírito dos *foot-ballers*, pela tensão prolongada de todas as suas faculdades, acarreta o aperfeiçoamento da mais necessária e da de mais evidência, a presteza da percepção, a tática. Um *foot-baller* à frente dum exército fará coisas de espantar a um Moltke. Dá calma, porque sendo esta uma das qualidades indispensáveis ao jogador, pela própria natureza do jogo, os temperamentos mais exaltados vão-na adquirindo aos poucos, sob pena de eliminação do jogo. O golpe de vista certeiro... eis aí a qualidade essencial para um homem subir, chegar, vencer. É ele o segredo dos grandes homens. Quem vê as coisas de relance e com justeza de percepção está apto a vencer todas as dificuldades que a vida apresenta. Saber ver justo: é o grande talismã.

Ora, que outra coisa, mais que o nosso esporte, aprimora essa faculdade do espírito? A necessidade que tem o jogador de num relance conhecer toda a situação do campo, sentir um perigo, aproveitar um descuido do adversário, resolver um problema instantâneo que um chute imprevisto formula, superexcita de tal modo os nervos visuais que eles em breve se acham possuidores desse novo senso, o senso da visão instantânea. Iniciativa: esta qualidade que os sociólogos consideram a mola real da psíquica anglo-saxônia, a fonte de todas as conquistas sociais dessa raça, o seu coeficiente de superioridade sobre a raça latina, é também uma das que mais se açacalam no exercício do futebol. Cada jogador tem sobre si a responsabilidade do sucesso ou do insucesso do seu *team*. Um descuido de um deles pode acarretar a derrota, como um lance de gênio, a vitória. Os *goalkeapers, os full-baks*, por exemplo, só têm a contar consigo.

Quando a bola lhe chega aos pés toda a garantia do seu partido depende dele.

Se sua posição é crítica, se as contingências do jogo o imergem numa situação embaraçosa, a ele exclusivamente compete, por qualquer recurso que lhe sugira a inteligência, dar o golpe magistral que desembarace o seu *team* e melhore a condição do jogo.

O exercício, o *entrainement*, como se diz na gíria esportiva, desse estado de espírito redunda no desenvolvimento da qualidade mais necessária nesses transes, a iniciativa. E o rapaz, ao deixar o futebol de brinquedo pelo futebol de verdade que é a Vida, entrará nesta amplamente provido do anglo-saxão, e como o demonstra Ed Demolins, a confiança em si próprio? É essa também uma das que mais se fortalecem neste jogo. O *foot-baller* indeciso, frouxo, mole, é imediatamente suplantado pelo rival, de modo que ou ele vai perdendo aos poucos esses defeitos e adquirindo a qualidade oposta, que é confiança em si, ou vê-se pelos seus próprios companheiros alijado do *team*. Ora, como ele insiste em jogar, não se realizando esta hipótese, a que se realiza é logicamente aquela, e ele, em breve, ele, o frouxo, o débil, o indeciso, torna-se um confiante, um sólido. E assim mil outras faculdades morais e qualidades físicas este precioso jogo aprimora. Nós, neolatinos, raça degenerada e gasta, rimo-nos em geral destas coisas, habituados como estamos a considerar como residente no Estado o Messias salvador da nossa pátria, do nosso comércio, indústria e cultura. Rimo-nos alvarmente de quem afirma que um esporte como este é mais fecundo em benefícios para o presente e para o futuro da nossa raça do que todas as academias de Direito, todos os grupos escolares somados, multiplicados e elevados à décima potência. Mas a resposta-rolha ao nosso boçal risinho está no ianque e no inglês, esses modernos Alexandres, conquistadores de tudo, ante os quais os povos se curvam. Entre aqueles povos ninguém rirá duma afirmação destas, porque possuem todos a convicção da sua evidência e são eles mesmos o exemplo vivo do fato. Um ditador que tomasse conta desta República e acabasse com as fábricas de bacharéis e normalistas, substituindo-os por severos *teams* de futebol, faria mais pelo Brasil que as dez gerações de Feijós, Zés Bonifácios e Cotegipes e demais estadistas que nos têm governado. O exemplo de São Paulo que, devido à sua população estrangeira ávida no ganho feroz na concorrência, se tornou a cidade mais progressista do Brasil impelindo o paulista a trabalhar, a mexer-se, a lutar, é um exemplo extraordinário que merece ser proclamado aos dez ventos, a fim de ser imitado.

II

Pois São Paulo – a parte nacional neta dos bandeirantes –, vendo os ingleses que a habitam mesmo depois de destacados da metrópole, a enrijecer a fibra com o seu famoso esporte, tomou-se de brios e criou o futebol indígena com um furor de assustar nesta terra de bananas. Nasceram da noite para o dia mais de 250 associações esportivas com alguns milhares de jogadores.

Desse enxame não tardou a destacar-se pela seleção natural os quatro clubes brasileiros que com os dois estrangeiros disputam a taça de ouro do campeonato.

Desses quatro, porém, com um garbo e um brilhantismo raros, sobrelevou-se o Club Athletico Paulistano, o famoso "Paulistano", que há três anos luta homericamente com o São Paulo Atlético Clube, o formidável *team* inglês.

No primeiro ano de luta a população ansiosa viu rasgar-se uma questão social. Ia se decidir da aptidão do paulista para enfrentar a concorrência formidável dos filhos da Albion. O povo compreendeu logo o alcance extraordinário desse duelo, e, desde aí, há três anos já acompanha com o mais vivo interesse peripécias emocionantes da luta. O Paulistano galhardamente enfrentou o Atlético e durante esse primeiro ano a vitória permaneceu sempre indecisa, pendendo para um e para outro lado alternativamente.

Houve empate e na prova final, decisiva, a calma assombrosa dos ingleses deu-lhes a disputadíssima palma da vitória.

Repetiu-se a luta no ano seguinte. Ingleses e paulistanos lutaram ferozmente. Houve segundo empate, e, na decisão final, de novo venceram os ingleses. O Paulistano, coisa assombrosa, não desanimou, ao contrário, redobrou de coragem e de *entrainement*, de modo que a luta deste ano já se apresenta sob um aspecto épico. No primeiro embate, depois de renhidíssima peleja, os *teams* rivais deixaram o campo com um novo empate. Em julho joga-se o seguinte *match* e desde já a cidade inteira discute as probabilidades respectivas cumulando cálculos e hipóteses. Esse *match* tem para a população paulistana uma importância e uma significação moral dez vezes maior que a eleição dum presidente. Os *foot-ballers* que se batem são apontados a dedo, na rua, pelos transeuntes que param, a vê-los passar, eles, os regeneradores do nosso sangue. É que São Paulo já reconhece que cada um desses rapazes vale socialmente mais que todos os nossos deputados federais e estaduais somados, multiplicados e elevados à sétima potência e que todos esses palradores com os seus chefes, *leaders* e presidentes por cima são menos capazes de beneficiar o nosso presente e acautelar o nosso futuro que um só chute dum *goal-keaper* insignificante.

Os outros clubes progridem dia a dia. A Associação Atlética das Palmeiras, a última que entrou a disputar o campeonato, apesar de ser a caçula, soube no seu primeiro embate com o *team* alemão infligir-lhe uma formidável derrota de três *goals* a zero. E progride consideravelmente, mostrando quantas preciosas qualidades possui o nosso sangue em estado latente. O benemérito Clube Internacional, introdutor de inúmeros esportes no meio paulista, depois de muitas vicissitudes, re-ergueu-se com altivez no ano corrente, obtendo belíssimas vitórias.

O seu presidente é o presidente da Liga Paulista do Futebol, o doutor Armando Prado, que tem sabido conquistar ao mesmo tempo *goals* nos campos esportivos e distinções na vida intelectual, tendo ultimamente defendido teses na Academia de Direito com raro brilhantismo.

As regras que a Liga adotou para o jogo no campeonato são as do International Board da Inglaterra; as suas decisões são supremas e a sua autoridade, indiscutida.

Considerado de outro ponto de vista, esse novo esporte tem acarretado benefícios inolvidáveis. Do ponto de vista econômico a sua influência tem sido de criar um ramo de comércio novo. Há casas especiais em artigos de futebol que não são muitas, entretanto, constando de bolas, botinas adequadas, meias especiais, camisas, calções, caneleiras, luvas, bombas etc. Além disso, uma indústria surgiu, e já se fabricam em São Paulo os artigos exigidos com tanta perfeição como os importados da Inglaterra. Nos dias de *match*, milhares de pessoas afluem em massa aos campos respectivos, onde se expandem em fragorosos aplausos aos lances de efeito ou aos *goals* vazados. O último *goal* do

Paulistano contra os ingleses provocou a maior ovação que se tem tido em São Paulo. Milhares de mãos se ergueram delirantes, sacudindo os chapéus, milhares de gargantas articularam um hurra titânico, assombrosamente gigantesco que abalou a Terra. Durante três minutos essa manifestação de delírio num povo tão calmo e tão frio como é o paulistano provou até que grau de intensidade está enraizado em sua alma o entusiasmo pelo futebol. E este entusiasmo tem ganhado fortemente a nova geração de crianças. Fedelhinhos de 4 anos já dão chutes, os de 6 já dão *charges*, marretadas, os de 8 já gazeiam escola para ir se treinar no campo vizinho.

É uma perspectiva altamente consoladora. É o verdadeiro caminho. É continuando nele que poderemos no futuro ser alguma coisa. É dando chutes aos 4 anos, marretadas aos 6, fugindo ao matadouro-escola aos 8, que aos 20 anos um homem se encontra apto para o *steeple-chase* do *struggle for life*.

E é dessa raça de gente que precisamos. Menos bacharéis, menos parasitas, menos coronéis, menos deputados, menos promotores, menos esfria-verrumas, e mais *struggle for lifes*, mais "homens", mais fibra, mais glóbulos de ferro no sangue, para que um Camilo C. Branco do futuro não venha repetir que tem nas veias um podre sangue e dentro dos ossos farinha de mandioca.

HÉLIO BRUMA
(O Povo, Caçapava, 10 e 17 de julho de 1905)

Aos 11 anos *de idade, Monteiro Lobato escrevia à mãe: "Quase peguei 2 contos na loteria...".*

Continuaria, pelo resto da vida, comprando bilhetes, que saíam sempre brancos. Embora estivesse longe de ser um jogador dominado pelo vício, sempre apreciou arriscar alguma coisa na roleta e no jogo do bicho. Em crônicas e artigos, por mais de uma vez se preocupou com o assunto. Para ele, o jogador nunca saía perdendo. Bem consideradas as coisas, acentuava, o jogador jamais perde, pois o que ele compra, arriscando o seu dinheiro, é esperança. Ora, a esperança é o supremo bem da vida. Obtendo-a, está suficientemente ressarcido dos prejuízos monetários. Em Mundo da lua *escreve: "Comenta-se a morte de um homem soturno que sempre viveu sem família, arredado de amigos, tremendamente misantropo, e que aos 70 anos se finou na mais extrema miséria, havendo gasto em loteria tudo quanto possuía.*

– Que desgraçado – exclamam.

– Que homem feliz! – penso comigo. Viveu de sonhos. Viveu nababescamente a sonhar maravilhas. Como os chins ingerem ópio, ele ingeria bilhetes, notas promissórias de esperança – e sonhava!"

Noutra página ele diz que foi depois de ler umas páginas de Nietzsche que dum jato lhe veio o sonho e com ele a ideia de jogar na cabra. Jogou. E deu a cabra.

Na roleta

– O 34 deu três vezes e o 26 duas; está dando a terceira dúzia que é um raio! Vamos jogar nela?

– Jogar, jogar! Basta jogarmos nela para a maldita parar de dar; já ando cansado de perder, não vale a pena.

– Vale sim, vamos, uma coleçãozinha só; dá cá 5 ferros.

Nesse momento a bola acomodou-se numa casinha; o roleteiro cantou logo: 32!

– Olhe lá! Só dá a terceira; hoje nós desforramos pela certa! *Pssit!* Ó moço! Uma coleção das verdes... Estão tomadas? Mau agouro! Então amarelas, isso de cor não quer dizer nada...

O ficheiro empilhou diante de mim cinco montinhos de fichas dum amarelo surrado.

Minha mão afagou-as com esperanças e aqueceu-as um momento antes de iniciar o jogo.

O que estaria ali? Em que redundariam elas? Em dinheiro, em muito dinheiro ou em mais uma desilusão? Dinheiro, muito dinheiro, certamente. Esses discos de marfim mal tingidos são escrínios de imensas esperanças.

Todo um mundo de promessas fagueiras se incuba neles.

Neles lê o jogador o seu destino na vida, vê o futuro e revê o passado. O simples "apontador" vê um sorriso amável da *chance* volúvel. Eu via uma emoção inédita, o destino, a fatalidade, o que tem de ser. Fizemos jogo, medroso, para começar.

O pano verde não tardou e cobriu-se de montinhos de fichas de todas as cores em todas as posições. Um jogara na quadra, outro no esguicho, outro um cartão na rua; aquele punha três fichas no semipleno; estoutro atochava dez na primeira dúzia. Cada um vinha realizar um plano infalível. O coronel Peixoto seguia o setor do 7. O doutor Emílio acompanhava dez números ímpares e os dois zeros. Um mulato imenso, inconcebível, de carão lustroso de suor, jogava forte e a esmo. No centro da mesa, feito o último pagamento, o roleteiro movia o disco e preparava a bolinha no dedo. Súbito deu-a.

A bolinha zarpou com força num ruído seco, girando com rapidez de encontro ao rebordo de madeira. Girou uma, três, dez, quinze vezes, e na décima sexta, perdido o impulso, foi caindo, atraída para o centro; bateu num dos losangos de metal e, desviada por ele do curso circular, saltou para o disco girante onde a esperavam 38 casinhas.

Toda a mesa imóvel, de olhos pregados nela, tentando vislumbrar o número feliz, tinha a impassibilidade faquiriana dos que se entregam à fatalidade. Ninguém se movia, ninguém pensava para não perturbar a marcha do Destino, mas cada um palpitava mentalmente no número que mais carregara. A bolinha verde vacilou uns segundos, saltando como uma doida, e por fim dormiu.

– Trinta e seis!

– Ganhamos.

O roleteiro, com a ponta do rodo, apontou o número vencedor sobre o qual se empilhavam três fichas verdes, duas amarelas e meia branca.

Cento e cinco verdes, 70 amarelas, 17 brancas.

E o rodo correu sobre o resto do pano numa limpeza inexorável.

Um despeito remordido e uma decepção recalcada contrastaram o ar satisfeito dos verdes e amarelos. O da meia ficha estava indignado:

– Justamente o número em que eu tinha menos! Antes não desse... Nem salvou a parada. *Mala suerte*...

O coronel Peixoto, inalterado, refazia o mesmo jogo, no seu setor, o do 7, e mascava o charuto com calma; seus olhos diziam – não veio, mas há de vir.

O mulatão de cara lustrosa passava a mão pela testa, pelo

queixo, pelos olhos, pelas orelhas, como que extraindo do rosto algum fluido adivinhador; depois tomou o resto das fichas e esparramou-as desabridamente pelo pano. O doutor Emílio dobrou a parada nos seus números diletos. Um menino enfiou-se entre os dois jogadores e meteu um níquel num esguicho. Enquanto isso os ficheiros, como galinhas, bicavam com as mãos o monte multicor de fichas recolhidas e num momento faziam-nas reaparecer transformadas em pilhas de vinte. Aumentamos a parada: três em cada número; deu o 26, ganhamos; refizemos o mesmo jogo; deu o 36.

Três bolas ganhas em seguida descortinam uma miragem ante a imaginação do mais calmo jogador.

Ele vê nisso uma carícia da Sorte e tão meiga, tão doce é ela que nenhum resiste à fascinação da sereia; arrebentar a banca em meia dúzia de boladas é a mira que lhe cria a sua excitação.

O jogo cresceu forte; nós pusemos tudo na terceira; deu o primeiro, que estava limpo. Houve um *oh!* geral de desapontamento. O coronel mordeu nervosamente o charuto e consultou o maço de cartões guardados no bolso. O seu setor teimava em não dar; ele teimaria em segui-lo. O mulato passava a mão pelo rosto, desnorteado, não sabendo como jogar.

A nós restavam apenas dez miseráveis fichinhas. O que fazer? Consultamo-nos com os olhos.

Os olhos do meu companheiro diziam: joguinho, joguinho!

– Vamos pôr tudo no 7?

– Não, não faça isso; joguinho de esguicho, na terceira. Fizemos o jogo, um miserando joguinho de quadra e esguicho.

– Mas o 7... Olhe que estou com um palpitão no 7...

– Qual 7, qual nada! Vai dar a terceira de novo, aposto!

Correu a bola. Girou quinze vezes.

Dançou uns segundos, aos saltos. O roleteiro cantou:

– Sete.

– Você é um idiota! Olhe que eu ia jogar dez fichas no 7! Ganhávamos 350, uma bolacha linda; mas com você é impossível se ganhar, estraga os melhores palpites. Bolas!

– Mas então por que não jogou?

– Porque você não deixou!

– Se eu estivesse jogando sozinho...

O coronel pegava 175, o doutor 105, o das fichas brancas outra vez 17.

– Ora pipocas! É sempre a mesma cantiga, 17, 17! Para que serve isso? Até dá dor de cabeça...

O mulato inconcebível, completamente desnorteado, extraía da testa os restos do fluido adivinhador.

Em redor os "sapos" comentavam a coincidência de já ter vindo três vezes o 7 após o 1.

– Se eu estivesse jogando – dizia uma coivara de rapaz, alto como um palmito –, tinha ganhado um dinheirão, porque o 1 e o 7 são os meus números. Essa gente não sabe jogar.

– Por que não joga, então?

– Não tenho dinheiro, a roleta do João Cravo inda agorinha me lambeu os últimos bagarotes.

Na rua crescia o movimento e o povo que vinha do septenário não tardou a afluir para as roletas. Por entre os ombros dos jogadores inúmeras cabeças se acomodavam para sapear o jogo. Um bando de moças invadia a sala, como um bando de baitacas. Ao ruído seco das fichas e da bolinha, ao ruído surdo do rodo limpando o pano verde se vieram misturar o zunzum dos cochichos, o taralhar das risadinhas requebradas e o sussurro das futilidadezinhas inumeráveis desse delicioso fenômeno que é um bando de moças reunidas.

Falavam do que sempre falam, do namoro e de namorados.

– Ih!, você comeu mamão hoje na igreja...

– Quem? Eu? Ah! ah! ah!

– Dá-me um beijinho, minha negrinha?

– Por ele? Olhe, olhe, está olhando... com uns olhos ternos...

– É caradura, ih!, na igreja não tirou os olhos da Manuelita. Ela nem pôde rezar.

– Mas eu vi dizer que ele anda gostando da Lili...

– Gosta das duas: homem é bicho muito sem-vergonha.

– Você acredita em homem?

– Credo! Deus me livre! Ai! Olhe que monte de fichas naquele número... se dá...

Aproximando-nos de um grupinho delas.

– Ganharam muito? – perguntou a Lili.

– Ganhamos... ganhamos experiência...

– Pois nós ganhamos três tigelinhas na rifa; somos muito felizes no jogo, ai, ai!...

– Antes não fôssemos, não, Manuelita? Eu queria ser a criatura mais infeliz do mundo no jogo...

– E eu também!

– E eu também!

– E eu também!

– Arre! Que barulhada! Os homens ficam zangados, estamos atrapalhando o jogo.

– Homem que joga para mim não vale nada.

– Para mim também!

– Para mim também!

– Arre! Credo! É verdade, doutor Lúcio, que o senhor comeu muito mamão hoje na igreja e de dois pés?

– Calúnias, dona Lili! Comi casca somente, e algumas sementes muito amargas.

– Oh!, doutor Lúcio, como o senhor é exigente!

– Queria mais? Estava até escandaloso...

Nisto houve um rebuliço, na roleta os moços encolheram-se, prestes a debandar. Um ficheiro, rubro de cólera, gesticulava, explicando-se:

– Já lhe paguei, dei dez cartões e quatro montes de fichas, todos viram.

– Parece incrível que um homem como o senhor queira nos passar a perna.

– Passar a perna não, seu atrevido! Não sei onde estou que não lhe parto a cara, seu bêbado! Seu cachorro!

– Calma! Calma!

– Não haja sangue!

– Doutor, vamo-nos embora. Isto aqui é uma espelunca!

– Espelunca, dobre a língua! Aqui jogam os cavalheiros mais distintos, a nata...

– Nata uma m...

Lá fora, no largo mal alumiado por candeeiros fumarentos, os dados cantavam nas canecas, as barbatanas dos jaburus zumbiam, vinténs e níqueis se entrechocavam, o búzio cantava chacoalhado por mãos adestradas, e desse rumor variegado, unido ao que ecoava dentro das casas de roleta, nascia a exótica sinfonia, a litania monótona com que o homem negaceia o Acaso para tê-lo submisso como um fator da sua felicidade.

Hélio Bruma
(*Jornal de Taubaté*, Taubaté, 19 de agosto de 1905)

Durante certo mês do ano realizava-se em Tremembé importante festa religiosa. A pequena cidade transformava-se completamente. Farta iluminação, barraquinhas, leilões, tabuleiros de doces, música, bimbalhar de sinos e jogo de roleta. Magotes de jecas nas suas roupas domingueiras vinham animar o ambiente. Taubaté então despovoava-se, pois as principais famílias que também possuíam residência em Tremembé para lá se transferiam. Essa festa datava desde a fundação da capela erigida em 1669 pelo capitão-mor Manuel da Costa Cabral. A ela assistiram os avós e os pais de Lobato, que ali possuíam boa casa, usada somente para essas ocasiões. Ficava defronte à estaçãozinha e nas proximidades do rio Paraíba.

Em "Tigelópolis" Monteiro Lobato reconstitui a festa a que assistiu no ano seguinte ao da sua formatura. Andava então enamorado daquela que seria sua esposa e companheira para o resto da vida – Maria Pureza de Natividade –, que ele intitula na crônica como Miss Farfala. Estas páginas constituem ainda um excelente documentário daquele tempo e uma amostra do espírito galhofeiro e observador de seu autor.

O nome "Tigelópolis" tem a seguinte origem: nas barraquinhas então armadas ao redor da capela eram vendidas artísticas tigelinhas, importadas diretamente da Europa. Representava um suvenir que todos faziam questão de levar para casa.

Em Tigelópolis

I

No último sábado de julho um trole complicado patinhava pesadamente na areia espessa do caminho velho, arregalando os olhos aos transeuntes que gramavam no "João Guedes". Parecia menos um trole que uma viatura de ciganos em mudança.

Grandes pacotes de roupa, malas e embrulhos de toda sorte na rabada, uma chocolateira, uma vassoura, uma récua de chapéus e mil outros apêndices deformavam o veículo prosaicamente.

Completavam o calhambecaço um cocheiro cor de bife cru, dois Teixeira de Freitas, duas bestas ruanas e um doutor para breves tempos. Mas não eram ciganos nem iam para o Juqueri.

Trotava o trole com destino à vila das tigelinhas onde os seus transportados tinham em mira parodiar por quinze dias a República, com R grande, que vai do Amazonas aos confins do Judas etc. Três poderes naturalmente se constituíram. O Executivo, na pessoa do futuro bacharel Valdomiro, um campeão de luta romana que não usa abotoadura no punho direito para mais facilmente arregaçar as mangas e dizer, cheio de orgulho, fixando olhos enamorados nuns pelotes duros que se lhe formam no bíceps: "Muque é isto!". Incumbia-lhe pô-lo em ação no caso dalguma agressão externa, e, inda mais, precaver a República contra o parasitismo sub-reptício que é o mal dessas instituições.

O Judiciário, na do doutor Gusmão, moço de peso e fraque, e em cuja protuberância nasal um austero par de óculos impa com sisuda gravidade.

O poder Legislativo, na dum mocinho cor de telha, Bolato de nome, em cujos ombros recaiu a tarefa árdua de propor umas tantas leis fundamentais e ter sobre si as chaves da casa e as responsabilidades da instituição. Bem vascolejados e com os ouvidos azoados pelo *nheque-nheque* do trole, ao entardecer desse sábado de julho, pisaram com pés dormentes os xistos de Tremembé os três poderes improvisados.

II
De como inopinadamente se resolveu um problema difícil

Chegados que foram, o poder Judiciário abalou incontinênti para a vila à cata dum jantar que lhe acalmasse as dores cruciantes do estômago exigente e vazio, enquanto os outros, vindos jantados, arregaçaram mangas e investiram contra a tarefa penosa da arrumação da casa.

Gemeram as vassouras, os embrulhos se viram desfeitos num relance, as roupas foram ocupar os pregos das paredes, demarcaram-se as possessões de cada um, as aranhas foram enxotadas dos cantos mais as teias; veneráveis tapetes calvos estenderam-se pelo chão: um serviço ótimo que não desagradaria à mais ríspida dona de casa.

Tudo pronto, dávamos a última espanadela nas cadeiras quando um problema de maus bofes se erige ante as nossas mãos encardidas; como lavá-las? Não há água!... Um calafrio gelou os dois poderes; de mãos sujas, como ir à vila? Taciturnos e desconsolados caíram ambos em duas cadeiras a parafusar no imprevisto X.

Valdomiro olhava o céu estrelado com olhos que imploravam uma nuvem promissora de aguaceiro. Bolato ruminava na má organização do mundo; se não era tão natural que as águas viessem ter às bacias, como ao ímã a limalha, sem que fosse mister o intermédio do barril, da lata e do aguaceiro... Torturavam-se nesses pensamentos quando... – *Hip. Hip. Hurra!*

Duas rebrilhantes latas d'água entraram casa adentro repimpadas na gaforinha de duas pretas luzidias! E logo atrás Gusmão, bem jantado, cheio de novidades, a mascar um palito. E o Marcelino, e mais gente. Um formidável *Alə guá* saudou o povoamento da República e a chegada do precioso líquido.

III

A CAÇADA FAMOSA

No outro dia, após um café laboriosamente feito de colaboração e bebido com gana, Bolato e Valdomiro encheram os bolsos de cartuchos e de espingarda no ombro se foram às aves. Valdomiro durante a caminhada contou proezas inauditas acontecidas com ele nos sertões da Cantareira; onças-pintadas, mortas à faca, jacarés fulminados com um tiro no olho, tiro em bando de baitacas, matando sete, e outras...

– Uma vez...

– Valdomiro, não minta, eu também sou caçador, sei como são essas coisas.

– Eu juro. Dou minha palavra. Uma vez...

E vinha uma pílula grande como uma abóbora que Bolato fingia engolir ingenuamente enquanto ia preparando o troco, outra maior. Saíram histórias de garças, aves-do-paraíso, jacus, veados brancos, corvos vermelhos, pacas monstros... toda uma *menagérie* hamburguesa; histórias de tiros maravilhosos...

– Eu nunca errei um tiro; minto, errei um, mas descobri depois que o cartucho estava sem chumbo.

– Valdomiro, Valdomiro.

– Sério. Juro.

Neste momento uma rolinha sentou a dez passos. Valdomiro fez *psiu* e, engatilhando a arma, foi-se aproximando da avezinha, pé ante pé, encoberto pela macega.

À distância de dois metros parou aplicando o cano da espingarda bem de encontro à cabeça da rolinha e puxou o gatilho. Um tiro atroou a esmo. A rolinha, assustada mas incólume, frechou para o mato em voo seguro.

– Matei, matei. Está aqui ela.

– Onde? Onde?

– Ah!, não é, mas deve estar por aqui...

E procurava-a em todas as direções, remexia as moitas, arrancava arbustos... A muito custo se convenceu de que errara.

– Diabo! É o primeiro tiro que erro em minha vida. Não sei como foi isso...

– E o outro primeiro?

– É verdade; é o segundo tiro que erro... mas a bichinha tomou chumbo, juro. Vai morrer adiante, a coitada... Não viu como saiu pena?

***

No outro dia, à porta dum barbeiro, alguém ouviu este diálogo:

– Soube da caçada de ontem?

– Não...

– Oh!, pois o Valdomiro embrenhou-se na várzea e voltou de lá com uma linda fieira de marrecas, saracuras e uma grande lontra.

– É?

– Uma caçada linda. Diz que não perdeu um tiro; atira muito bem aquele menino, atira que faz inveja...

IV
Sub tegmine

No dia imediato as marrecas e as lontras respiraram. Os formidáveis heróis cinegéticos iam descansar dos grandes labores da véspera num piquenique que fosse dupla homenagem a Horácio e a Brillat-Savarin.

Enquanto os olhos se deleitassem no magnífico panorama da várzea com a serra imensa ao fundo, a boca iria mastigando bolinhos de frigideira preparados pelas mãos cheias de graça e mimo das comensais que deviam chegar ao meio-dia.

Essa hora foi esperada com impaciência e, enquanto o trenzinho, na última subida, arfava com desespero, pondo os bofes pela boca, os três poderes de pé na gare desfolhavam mentalmente um malmequer de palpites:

– Vem – não vem – vem – não vem...

Vinham. Um punhado de *toilletes* claras borbotou do bonde como flores que caem duma jardineira. Deliciosas.

Formavam um ramalhete gracioso, capeado por venerável folha de tinhorão. Vinha Miss Farfala, cor de neve, recordando uma *edelweiss* dos Alpes em tarde opaca que era cor de tarde opaca a sua blusa *paille-d'orge*. Em seus olhos castanhos todo um mundo de enigmas traiçoeiros boiavam.

Vinha *ma'm-z elle* Bijou, flor morena de graça parisiense e salero sevilhano. Os olhos escuros, aveludados por uma vaga saudade, tinham a peraltice de dois gênios caçulas. Vinha dona Exquise, flor meridional, pletórica de vida e espírito cintilante, alma, barulho e eletricidade da festa.

Vinha dona Quitéria, emérita fritadeira de bolinhos e capitã do bando. E vinha ainda, todo nervos e espinhos, irritadiço e amargo, o admirável discutidor de xadrez doutor Bilis.

A casa foi invadida e logo reinaram o barulho, a parolagem gárrula, a pilhéria, a risada.

E como havia disponível algum apetite não tardou no fogareiro a chama azul sob a chocolateira, nem furtos de bolinhos nas cestas inda fechadas.

Mas o buquê não estava completo; faltavam a flor tropical e o loto silencioso. Não tardaram, porém.

– Boa tarde. Boa tarde. Vivam.

Dona Dália e dona Quitéria entraram radiantes de frescor e mocidade, vestindo cassas claras. Novas risadas, novas piadas. A parolice cresceu de vulto e em breve a sala se viu transformada num viveiro de rouxinóis e arapongas, em cuja sinfonia de gorjeios o grasnar dos três poderes punha fonfons de trombones.

Mas o café começou a chiar e todas as atenções se voltaram para ele.

As tigelinhas se perfilaram em redor e não tardou que um jorro negro e fumegante caísse sobre elas.

– E colherinhas?

– É verdade. Ninguém se lembrou de trazê-las.

– Que maçada!

Choveram soluções para o problema, mas nenhuma satisfazia, e estavam todos indecisos quando Bolato cortou o nó górdio.

– Elege-se um dedinho à categoria de colher e ele fará o serviço.

– Bravo. Bravo. Eu voto no fura-bolos de dona Exquise.

– E eu no minguinho de Miss Farfala.

– E eu no pai-de-todos de Bijou.

Houve barulho, discussões. O acordo era impossível, os candidatos, inúmeros. Afinal ficaram reduzidos a dois, o fura-bolos de dona Exquise e o minguinho de Miss Farfala, mas mesmo assim nada se conseguiu; prós e contras se entrechocavam sem que uma escolha fosse possível, formou-se uma liga para votar no *tertius*. E saiu vitorioso o candidato da coligação: o mata-piolho de dona Quitéria. (Nota urgente: a metade desta história de dedinhos não se deu, mas é assim que se escreve a história.)

Resolvido o problema, e tomado o café com os bolinhos admiráveis, abalou o bando para o Paraíba à cuja margem, sob a figueira, se ia brindar *la joie de vivre* com um Ponsardin que Bolato carregava religiosamente.

Em caminho, gazilando como canários, de sombrinhas claras abertas, o bando parecia um bando de garças seguidas de quatro urubus. A figueira imensa de imensas raízes chatas, estatelada à beira d'água numa pose escarranchada, os recebeu com uma sombra de deliciosa frescura. O rio rumorejava-lhe ao pé, carregando molhos de ninfeias no dorso liso e rebrilhante.

A serra ao fundo murava de azul a paisagem.

– Como é bonito!

– Lindo!

– Delicioso!

– Que ar agradável, não, Dália?

– Então! Exquise!...

– A fonte ali, tão bonita!

– Oh! lindo!

– *Smoking!* Magnificente!

Esgotadas as interjeições e os engrossamentos à natureza, cada um se foi sentando onde melhor cômodo achou, íntima e doce *causerie*. Todos se sentiam felizes, ganhos pelo fluido panteísta da natura. Sentiam-se incorporados nela e gozavam a suave embriaguez da *joie de vivre*. Infiltrava as carnes e o espírito um pouco da absoluta felicidade que deve ser a felicidade das boas árvores ramalhudas e idosas... Assim estiveram por largo tempo.

À hora da libação, o Ponsardin estourou entre hurras.

As moças mal molharam nele os lábios, mas para compensação os homens demonstraram uma vez mais a voracidade dos seus apetites. Surgiu uma ideia nesse ínterim. Escrever a história daquele dia e confiar à correnteza do rio a garrafa com ela dentro e fazê-la assim viajar como as garrafas de Júlio Verne. Mas essa ideia morreu no ovo. Todos se preparavam para a volta, amodorrados pelo mormaço, já cansados.

– Chega de natureza, vamos ver gente.

Ao sair dali para o caminho, havia a atravessar um mato roçado.

Todos o fizeram, mas, chegada a vez do doutor Bilis, o tinhoso armou-lhe uma das suas. O homem sem mais aquela perde o equilíbrio e cai sentado num espinhento pé de craguatá.

– Ah! ah! ah! ah! ah!

A hilaridade feminina vibrou como cristais; a masculina roncou como bronzes.

O homem levanta-se atordoado e, sentindo que o agarravam por detrás, zanga-se deveras e ralha:

– Ora largue, deixe-se de graças. Largue do meu paletó, homem! Eu não gosto de brincadeiras...

O *quiá, quiá, quiá* das moças redobrou num crescendo.

O que segurava o paletó do doutor Bilis era um pé de craguatá arrancado que lhe dançava atrás, pendurado como um rabo.

– Largue! Já disse, largue, se não eu parto-lhe a cara, homem do diabo.

Mas percebeu logo o engano e encafifou de vez, enquanto a risada vascolejava o bando com mais intensidade ainda. Foi o *mot de la fin* da festa.

V

Coisas enfadonhas

Para matar as saudades que o convescote deixou, uma grande excursão foi marcada para o dia seguinte. Excursão venatória e piscosa. Prontos anzóis e cartuchos de véspera, pela manhã, Bolato, Valdomiro e um novo, o Rafael, rapaz proprietário dum sensacional nariz, tomaram rumo do Paraíba. Pelo caminho cada um desfila o seu rosário de façanhas náuticas.

– Eu – começou Valdo – já remei 36 horas a fio, sem descansar nem para acender o cigarro, e não me cansei absolutamente nada.

– E eu – interveio Rafael –, que uma vez... uma vez... o que é mesmo que eu fiz uma vez? Ah!, nadei contra a correnteza desde a Penha até o Espéria. Duvidam? Pois perguntem a titio, ele sabe.

– E eu, então – completou Bolato –, que atravessei o mar de Espanha a pé? As ondas eram tão fortes que...

– E eu... eu...

E assim, mentindo como cães, chegaram ao bote, meteram-se dentro e desatracaram. Foi uma lástima. Ninguém sabia remar. Se a rota era para a esquerda, o bote guinava com a maior sem-cerimônia para a direita. Fingem então estar remando para a direita. Mas mal começava o fingimento, o raio do bote entortava para a esquerda.

Furiosos, cada um culpava o outro da imperícia, e eram desaforos e berros de todo tamanho.

– Você é um inepto; remar é isto, olhe.

Mas "isto" saía uma nova inépcia.

– Qual! Com vocês dois é impossível sair do lugar, dá cá o remo que eu já ensino. – Os remos mudavam de mãos, mas não mudavam de conduta. E, mal fincados n'água, espadanavam-na encharcando as roupas. E a correnteza afinal de contas era que levava a melhor; lentamente o bote derivava sobre ela. E para cúmulo de má sorte um grupo de moças apareceu na ponte. O modo de fazer fiasco redobrou as energias, mas esse redobro de energia redundou em maior atarantamento e maior fiasco.

Elas riam do alto, aparteavam, davam conselhos. Afinal, sob aquele estímulo, ganharam jeito os remos e o bote subiu o rio sem maior maluquice.

– *Uff!* Cansei...

– E eu já estou de calos nas mãos.

– Foi o diabo, as moças terem aparecido...

– *Mala suerte.*

– Com vocês não me meto noutra.

Lamentavam-se, se entreacusando, quando veio distraí-los um martim-pescador atravessando o rio em voo baixo e pesado.

Bolato levou a arma à cara.

– *Pum.*

O mísero passarinho estrebuchou n'água.

Houve felicitações, elogios. Apareceu outro; outro tiro, outros elogios. Bolato estava inchado. Nisto uma enorme saracura...

VI

De como sendo cacetes essas histórias de caçadas fica a história dessa em meio.

* * *

A verdadeira caçada desse dia foi um pato assado em panelas de Taubaté. Havia um apetite feroz e foi entre berros de entusiasmo que a preciosa ave fez a sua entrada triunfal na sala. Unhas vorazes caíram sobre ela e, num relance, do pato só restava a carcaça.

Como havia uma garrafa de vinho raro foi lembrado que melhor ocasião não havia de mudá-lo de vasilhame. Gusmão protestou indignado.

– Tomar aquele vinho com este pato é uma indignidade que há de deixar vocês com uma mancha negra no passado; não creio que vocês a cometam; apelo para o bom senso...

– Nada disso, a votos. O que a maioria decidir...

– Pelo amor de Deus, guardem o vinho. Isso é uma calamidade.

– A votos, a votos.

Posto a votos passou que o vinho passasse incontinênti a fazer companhia ao pato no estômago. Gusmão ficou apoplético.

– Embora vencido pelo número, eu lavro o meu protesto solene contra essa heresia sem nome, esse disparate gastronômico que me fará fremir no túmulo os ossos de Savarin. Aceito o copo que me toca, mas vencido, com um nó na garganta.

O vinho num relance mudou de casa e a garrafa vazia voou pela janela como um bólide. Gusmão bebeu-a com desespero, em cólera.

E foram digerir o pato e mais o vinho na roleta, vendo a bolinha fazer piruetas e o Zezé jogar tostões no esguicho. Nesse dia o diabo tentou-os e as finanças republicanas sofreram o primeiro desfalque. A terceira dúzia comeu-lhes umas coleçõezinhas de fichas.

– Bem feito – ralhava o Gusmão –, se vocês não tivessem bebido o vinho... É castigo...

VII

Nesse dia não, mas num dia igual a esse houve por lá coisa divertida. Alta noite já, roncava o Gusmão e cochilavam os outros quando entra Valdo com uma pipa pela mão. Acordaram todos intrigados.

– Compraste isso, Valdo? Que maluquice!

– Que vinho é? Malvasia? Xerez?

– Ora, não sejam palermas – retrucou Valdo –, este é o meu vasto amigo Zequinha que perdeu o trem e vem dormir cá.

Foi um desapontamento geral, mas ficou por isso; cada qual caiu na sua cama e em breve os roncos do Gusmão ecoavam de novo no silêncio da casa. Fazia uma noite gelada. Na Patagônia talvez o frio não fosse tanto. Um frio que varava todos os cobertores, a colcha, o lençol, as carnes e ficava grudado nos ossos a arder, a arder... Um frio que tirou a Bolato o sono. E sem sono Bolato ruminava coisas feéricas, quando uma ratazana principiou a roer a porta; roía, roía, num barulho de quem bate o queixo. Uma hora daquilo era tolerável, mas à segunda os nervos de Bolato começaram a se abespinhar. E de abespinhados ficaram irritados. E irritado Bolato passa a mão na botina e arremessa-a contra a porta roída. O ruído cessou, mas daí a segundos recomeçou de novo.

Outra botina, novos segundos de sossego; o rato insiste e rói, rói com mais furor. O castiçal voa contra a porta. E depois do castiçal a caixa de navalha. E segue-a um pé de chinelo. E vai logo atrás outro pé de chinelo. O rato insiste; rói, rói, rói... Era de deixar doido. E assim se passam duas, três, quatro, cinco horas... Por fim o cansaço venceu e um sono de pedra arranca os tímpanos de Bolato dos dentes do inquisilante roedor. Lá pelas nove horas o levantamento começou e Gusmão passou com cara de réu, mascando injúrias, estremunhado, resmungando.

– Que aproveite, que hoje não me escapa; meto cinquenta gatos esfomeados cá dentro, e...

– Ah!, o rato! Pensei que fora eu a única vítima...

– Qual única! Não me deixou dormir a noite inteira, o raio.

Nisto chega Valdo em camisola, com cara de ressaca também.

– Vocês já viram que raio de rato? Não preguei os olhos a noite inteira.

O caso intrigou os três. O tal rato devia ser coisa descomunal. O Chaby dos ratos com certeza.

– Eu vi mesmo – uma sombra correr dum lado para outro, mas nunca supus... Tinha assim o tamanho dum cachorrinho paqueiro...

Era ele, o tal rato, com certeza.

Os outros se entreolharam. Valdo, impassível, dava novos pormenores, explicava-se.

Foi quando veio rolando dum quarto o Zequinha, com as feições transtornadas, cambaleando de sono, e abrindo bocarras imensas, em bocejos que ameaçavam engolir o mundo.

Contaram-lhe o caso. Ele fez uma careta entediada e escancarou um bocejo.

– Ora, rato, rato. Vocês estão bestas. Não houve rato nenhum... Fui eu que bati o queixo a noite inteira... Vocês põem-me a dormir no chão cimentado e dão-me para coberta um lençol!... E querem que uma pessoa num inverno destes não rebente de frio? Não morri porque não tinha chegado a hora. Vocês são uns canalhas, uns trancas... Não falem comigo. – E passou a lavar o rosto furioso, numa cólera surda, mais magro meia arroba, com olheiras profundas.

Os outros três ficaram a olhar um para o outro. Depois explodiram numa gargalhada imensa. Riam, riam de cair. E o Zequinha, roxo de raiva, ensaboava o rosto, com vontade de chorar de desespero.

VIII
A sanguessuga

Aos primeiros desastres financeiros da República os pais da pátria compenetraram-se dos seus deveres e empreenderam a obra patriótica da sua consolidação econômica. Para isso cada um andava apreensivo, trancado consigo mesmo, de mãos no bolso e uma ruga na testa, a medir silenciosamente o comprimento da sala. De vez em quando recorriam a cálculos, que eram logo abandonados: o mais forte em matemáticas só sabia a tabuada até a casa do 5. Grandes planos se incubavam nos respectivos cacos... Planos infalíveis para rebentar as bancas de roleta. O primeiro que frutificou foi o de Valdo.

– Fazemos uma vaca e jogamos tudo na terceira dúzia: dá; triplicamos a parada; dá; atochamos tudo num palpite...

– Dá...

– ... dá, e... e a banca rebenta.

– Ótimo, mas não presta; o melhor é o meu – atalhou Gusmão. – Como vocês sabem, a roleta tem 33 números. Ora, jogando em dez números, joga-se no terço menos oito, logo, segundo o cálculo das probabilidades, as chances do banqueiro estarão para as do apontador na proporção de...

– É magnífico o teu plano, mas muito comprido; quando você acabar de expô-lo a festa estará acabada e não podemos realizá-lo – interveio Bolato.

– O único furo que eu acho é o seguinte: fazemos sociedade com o Bom Jesus...

– Já vem você com brincadeiras. O negócio é sério, precisamos ganhar, custe o que custar, e já que vocês desprezam o meu primeiro plano, apresento um segundo.

– Ótimo, vejamos.

– É fazer uma vaca e jogar bestialmente a torto e a direito.

– Topo.

– Topo.

Fez-se a vaca, jogou-se bestialmente e mais bestialmente ainda se perdeu tudo.

À noite, quando se recolheram, vinham os três jururus, de mãos nos bolsos e olhos no chão.

– Se não fosse você fazer aquela jogada...

– Eu? Eu fiz o jogo que vocês indicaram...

– Ora, não diga asneiras... Você fez um jogo de imbecil. Nem o Amaro faria aquilo. Jogar só nos números que não davam... É de arromba.

– Vamos ver amanhã o que você faz.

– O que eu faço? O contrário do que você fez e juro como hei de ganhar.

No outro dia nova vaca e jogo novo. Perdeu-se de novo bestialmente, apesar do jogo contrário. Voltaram de bico caído e cheios de lérias.

– Como não se havia de perder: você esteve o tempo todo torcendo...

– É boa, pois então...

– Pois é, ontem torcemos, e hoje, como o jogo era contrário, vocês deviam destorcer.

– Começa, começa. Você não toma nada a sério, nem o jogo... Arre.

Abandonaram de vez o jogo bestial, de direito e de avesso, e recomeçaram os planos infalíveis. Mas a macaca andava-lhes às costas e não houve enxotá-la. A bancarrota batia às portas. Alguém lembrou um *funding-loan*. Outro, um empréstimo. Venceu a ideia do empréstimo. O maldito rodinho do Leopoldino arrecadou no quarto dia o produto líquido do empréstimo. Um segundo empréstimo fracassou (empréstimo, empréstimo, empréstimo... Credo). E como a bancarrota batia com muita força, abriu-lhe a porta para não tê-la arrombada.

IX

A bancarrota

– Que vontade de tomar café... Há açúcar?

– Houve.

Suspiros. Olhares saudosos pousados na mesinha outrora tão farta, onde havia açúcar, pó, espírito do vinho, pão...

– Dá-me um cigarro?

– Não tenho, fumei o último ontem.

– Tens um tostão aí?

– Não. Para quê?

– Para mandar buscar uma lata d'água. Não temos água para lavar o rosto amanhã.

– Olhe o fidalgo, pois vamos lavá-los no Paraíba; tão perto...

– Se eu tivesse um níquel...

– O que fazia?

– Metia-o na Caixa Econômica...

Após a penúria, a humilhação. Um Rockefeller surgiu entre nós, o Marcolino. Entrou nesse dia batendo os pés. Sentou-se na cadeira de balanço e estirou-os sobre o sofá. Sacou do bolso um cigarro e pôs-se a pitá-lo com majestade, sorrindo de vez em quando a alguma ideia cor-de-rosa que lhe atravessava o cérebro. Os outros estranharam aqueles ares. Que diabo, o Marcolino não era assim...

– Marcolino, que é que te aconteceu?

– Ahn...

– Acorda homem, que é que te sucedeu?

– Ahn...

– Viu passarinho verde?

– Ahn...

– Dá-me um cigarro?

– Não dou.

– Ué! O homem está outro. Que será? – Todos olhavam-no sarapantados, perplexos. Que seria? Namoro? Alguma conquista feliz? Ninguém atinava.

De repente, o homem, entre duas baforadas atrevidas, murmurou telegramaticamente:

– Vou hoje, Taubaté; querem nada?

Ia para Taubaté... Oh!, assombro...

– Pois tens então essa fortuna que é uma ida e volta a Taubaté?

– Oh!, Marcolino extraordinário, oh!, Jacinto Galião.

– Dezesseis.

– Vai no dia 16?

– Arre! Como vocês estão broncos. Digo que tenho 16 mil-réis.

– Dezesseis? Deze... Repete, Marcolino, repete essa frase feliz. Tens 16 mil-réis? Um abraço, amigo.

– E quebrados, coisinha...

O assombro chegou ao auge. Era inaudito aquilo. O inesperado miliardário viu-se rodeado da casa inteira. Todos queriam pormenores, todos ansiavam pelo como da súbita fortuna. Amolecido pelos engrossamentos ia ele explicar o fenômeno quando o bonde apitou. Rockefeller ergueu-se, acendeu outro cigarro ostensivamente e foi tomar o bonde, seguido do nosso pasmo e da nossa admiração. Dezesseis. Quinze e mais um. E quebrados, coisinha...

X

Onde se prova que dinheiro nos pés fica em maior segurança que na algibeira.

Marcolino foi cedo mas voltou tarde. Todos foram esperá-lo na estação, com abraços, cheios de saudade. Ele apeou com serena gravidade, seguro de si, olhando os pés.

– Então? Foste feliz de viagem? Não queimaste a roupa? Vieste mais bonitão!

– E o rico dinheirinho? Quanto tens ainda?, hein, meu rico Marcolinozinho?

– Não tenho mais nada, comprei este par de botinas, não sou arara.

Todos os olhares desceram para o chão. Realmente os pés de Marcolino se regalavam num par de botinas novas em folha. A indignação foi geral.

– Pois fizeste isso, homem de Deus?

– É uma indignidade. Você não é amigo, Marcolino, você é um traste.

– E quer saber de uma coisa? Não fale mais comigo, estamos mal.

– Nem comigo. Uma ditadura que procede como você procedeu merece o flagício da posteridade.

– O quê? O Agrício de Camargo?

– Flagício, homem funesto de botas novas! Flagício dos pósteros...

– É palácio?

– Botinas novas... Que coisa ridícula...

– Ficaste assim com um ar de sendeiro, meio parvo... tal qual bezerro caracu mestiço com china.

– Feio!

– Pé espalhado.

– Zé das Formas.

E o deixaram só. O Marcolino perdeu os companheiros, mas ganhou um ótimo par de botinas.

Foi o único que passou a perna na roleta.

E fiem-se nas aparências...

XI

Amaro

– Aáá! aáh...

– Vem cá, Amaro.

– Aáá! aáh...

Amaro é o rei de Tigelópolis. Mas que rei; é o supremo motor de tudo, o *Omnifator*. Se o sino toca chamando o mulherio à reza, Amaro no largo, com um enorme riso de felicidade na cara, grulhando uns *aáh, aáah* de mudo, pendura-se numa corda imaginária e rivaliza com o sineiro de Notre-Dame; todo o repique fica sendo obra sua.

Mas atiçam foguetes. Amaro deixa o sino e, sempre grulhando, sempre com o mesmo ricto entreabrindo-lhe a beiçarra, Amaro se põe a fazer subir os foguetes – *chiii* –, a fazê-los rebentar – *pom, pom* –, a fazer cair as varas – *ziit* –, numa alegria, numa felicidade que mete inveja.

O bondinho apita. Amaro espicha a orelha: é sinal de chegada. Amaro corre a dirigir o serviço. Corre, corre sorrindo, feliz, feliz. O bonde para, Amaro faz gesto de parar; a locomotiva desengata, Amaro faz gesto de desengatar; move-se, vai, vem, atraca uma gôndola de xisto, muda de linha; Amaro gesticula, corre ao lado, fá-la mover, fá-la ir, vir, atracar a gôndola, mudar de linha. Findo o serviço, Amaro está suado cor de tijolo, mas feliz, risonho, contente consigo; o serviço ficou tão bem dirigido...

Um casal de noivos passa. Vem do Padre Eterno. Ela, corada, de olhos no chão, a mão pendurada à cinta, um lencinho de renda pendurado à mão. Ele, requeimado de sol, de chapéu novo, de paletó de diagonal novo, de calças novas, pisando em ovos com a maldita botina nova.

Amaro zarpa atrás. Leva-os à igreja, manda-os ajoelhar com um gesto e casa-os simultaneamente que o padre, com outro gesto.

Amaro está onde estiver a festa; está perto dos foguetes, do sino, da locomotiva, do padre, do leilão, da fogueira; está onde estiver alguma coisa em movimento, para a dirigir, para exercer sobre ela a ação de sua vontade. Mais feliz que Amaro nem Mister Joyeuse de Daudet, porque Mister Joyeuse acordava dos seus sonhos de ventura e em Amaro esse sonho é normal, dura os dias que dura o ano, durará os anos de sua vida.

Chamam-no de louco... Mas é essa loucura o ideal do homem, é a Felicidade Suprema. Ver tudo róseo, ser o fator do movimento, guiar os astros e os foguetes, casar os noivos, ser a alma *genitrix* do Universo... Que valem a par desse estado d'alma as nossas pequeninas e fugazes felicidades?

Já o disse Sheridan, que o louco...

XII

Suspende pena, que quando filosofas é mais maçante que um sermão de frade.

* * *

TIO JOÃO

O tio João é outro, outro boêmio da vida ao ar livre que merece ir para a galeria dos Sabinos, dos Ilás, dos Trintaquilos, dos Bemdoces, das Nhás Ignes Sutis.

Preto como um carvão. Lustroso como um par de botinas engraxadas. Uns olhos velhacos; velhacaria da raposa velha no falar e nos modos. Um modo de olhar com o rabo do olho, de cabeça baixa.

Veste farrapos, e do cocuruto, onde a carapinha é mais emaranhada do que o estilo do senhor Venceslau de Queirós, nunca sai o chapéu: uma nesga de feltro pesado de sebo. Tio João sabe viver.

Tem a sua filosofia. Considerou que esta vida merece realmente o que dela disse o patusco Salomão, e resolveu levá-la de troça. Viu que cada um a cava dum modo, uns com a enxada, outros com a língua, outros com a gazua; resolveu cavá-la com o urucungo.

É um modo de viver que talvez Erasmo não censurasse. Com pequenas variantes, de instrumento e de meio, Florizel von Reuter não vive de outro modo.

Nem o viveu Beethoven. Donde se vê que até a imortalidade pode tio João aspirar. Mas não o faz. Em vez da glória prefere um níquel e daria a imortalidade em troca de dois.

Foi quanto lhe demos, um dia, no largo, para que cantasse. Tio João não se fez de rogado. Arrepanhou o peito da camisa e no peito nu ajustou a cuia do urucungo.

– Para que essa cuia no peito, tio João?

– Para fazer *hum, hum, hum*, siô moço. – E demonstrou o explicado vibrando a corda donde três notas simples tiravam um ritmo soturno e abafado.

E cantou numa voz de boêmio em ressaca, quebrada e baça:

Vancê disse que eu sou feio
De nariz esborrachado
Que diria se suncê visse
O nariz do meu cunhado.

Em torno uma rodinha se formava; chegou Valdo. Miss Farfala apareceu à janela, branca, cor de neve.

Dona Quietinha e dona Dália, que saíam da igreja, caminharam para ali os seus passos, acompanhadas de Gusmão, muito lampeiro no seu fraque moderno. Dona Lili também veio, toda rósea, toda requebros cheios de graça, uma risada prestes a esvoaçar da boquinha gorducha, um beijo-de-frade escarlate berrando na negrura do cabelo.

E o negro, ancho daquele auditório, repinicava o arame com arte consumada, grunhindo quadrinhas sobre quadrinhas:

Neguinha, minha neguinha.
É verdade não é mentira
Você anda se arregalando
E eu aqui lambendo embira.

– Bravo! Bravo!

– Outra, tio João, outra.

A raposa fazia uns trejeitos, modulava uns acordes e desandava outra, e outra, e outra, uma fieira. O comentário *reverci* em surdina, cochichado:

– Já conhecia esse instrumento, Miss Farfala?

– Não, nem de nome. Mas como é engraçado.

Dona Lili mirava-o com curiosidade.

– Se eu pudesse – disse –, eu tinha este preto no quintal numa corda, como um macaco, tão curioso, não?

Valdo aproveitou a vasa para distribuir pílulas.

– Conheci um russo que tocava isso maravilhosamente, com o pé. Vi no Politeama, em São Paulo. Tocava tudo, até as óperas de Wagner. É sério, não estou falando de caçoada, não.

Nisto o Amaro desembocou no largo e, mal viu o ajuntamento, correu para ele a dirigir o serviço.

– Aaah! Aaah...

Abriu um caminho por entre o povo e, bem defronte ao virtuose, se pôs a rir, num riso imenso, espalrado pela cara inteira.

Tio João fitou nele os olhos velhacos e sorriu compassivamente, ele, o roto. E se pôs a dançar para que o outro dançasse.

E o outro dançou, julgando fazer dançar a raposa.

– Dança urso, dança urso – cantava tio João repinicando a corda. E o outro, grotesco, ridículo, dava uns pulos desengonçados que destampavam a risada na rodinha inteira, mas alegre, feliz, diretor ali também de mais aquele serviço, causa daqueles movimentos, fator dos trejeitos do negro, dos sons do urucungo, dos versinhos, das risadas de Lili, das petas de Valdo, do fraque do Gusmão, alegre, feliz, um riso imenso derramado pela cara inteira.

XIII

Lá pela República o câmbio subiu. Bolato trouxera uns cobres de Taubaté, cobres felizes que proliferaram.

A *chance* bafejou a todos. As carteiras se re-encheram. Até Valdo ganhou, e bastante, mas depois soubemos que ganhou de mentira. O Rockefeller de dias antes caiu do pedestal e as admirações convergiam todas para o herói das grandes boladas, Gusmão.

À noite já se não dizia – perdi tanto. O verbo conjugado era bem mais doce, bem mais agradável de pronunciar. Foi o Encilhamento da República.

Miragens áureas, despesas fabulosas, saques sobre o futuro.

Valdo comprou uma garrafa de espírito do vinho; Mário, uma libra de açúcar; Gusmão, um garrafão de garapa. O dinheiro corria em rios, para os tabuleiros de cocada, para as casinhas de peixe frito, para o estômago dos jaburus, para o Moloque do pano-verde.

Compraram-se maços e maços de cigarros, cinco caixas de fósforos; fumavam-se alguns charutos. Engraxaram-se os sapatos. Foi um delírio de nababo. E a escorraçada bancarrota que nos andava espiando voltou a rondar a casa.

SEPTENÁRIO DOS QUE TÊM 18 ANOS

Noitinha. Um luar que briga no céu com a luz moribunda do dia. Repica o sino, *dlen, dlen, dlen...*, chamando em voladas de voz metálica o povo ao septenário.

As calçadas até ali cheias de gente em pacata digestão esvaziam-se; recolhem-se as cadeiras das portas.

Mulheres afluem de todos os cantos enleadas em xales escuros, de mantilhas, de capas.

Homens sisudos enfarpelados de preto tiram as últimas fumaças do cigarro e entram para a igreja.

Magotes de moças, *psi, psi, psi*, gorjeando risadinhas e cochichos, derramam na massa escura do beatério punhados de notas vivas.

Veste uma o branco, outra tem a blusa vermelha, aquela vai amarelinha como um canário; já dona Exquise está toda lilás, e Dudu, inteirinha de azul.

Grupinhos se formam em caminho, desfazem-se, fundem-se um no outro. Este espera aquele. Aquele parou porque Fifi foi correndo buscar o leque esquecido. E este cá, por que fez roda? É que a Lalá está refazendo o laço da botina.

Os rapazes rondam perto; estão sempre onde estão as moças, arrastados por essa força que junto aos estames sempre traz os pistilos.

Valdo, Rafa, Gusma, Bola estão à porta, rentes na brecha.

Miss Farfala passa, *etamine Fauve.*

– Como está mimosa hoje, não? – cochicha o comentário.
– Dá uma sensação de Europa, de *cottage* inglês, não é?

Dona Dália entra, *frufrufrufru*, blusa morango esmagado, saia papoula.

– Imponente, hein? Jarra de Sèvres com grandes crisântemos vermelhos.

Já dona Quietinha passa silenciosa, num silencioso vestido branco, o olhar baixo, o andar leve.

– É o mesmo Sèvres, mas cheio de violetas e margaridas.

Seguem-na magotes de povo, gente feia, caipiras, negros, beatas remexendo rosários sob o *manteau* – perfeitos besouros de campo em caminho para a toca.

Súbito, outra moça, Lili – a risonha, toda de azul moribundo, tocada a ardósia raspada.

– Hein? Um chiquê. Faz-me sempre recordar, esta menina, três expressões francesas: *grussouillete, caillete* e *potele.*

E vieram outras e outras. E vieram mais homens e mais beatas. A igreja enchia-se. E vieram padres, nédios, abaciais, de palito na boca, arrotando.

O largo se esvaziava. Uma ou outra beata, arrumando ainda o xale, desembocava de algum corredor, numa pressa, num açodamento de barata em véspera de chuva.

Os rapazes enchiam a salinha dos milagres. Pudera. Se as moças estão todas defronte, o olhar posto no santo, o rabo dos olhos na salinha.

XIV

TO FLIRT – GRELAR

É instituição exclusivamente ianque. Estudando-o Emílio Faguet nega a possibilidade da sua aclimação fora da iânquia.

Flirt, linchamento, Constituição Federal, truste, *humour cake walk* são coisas que, importadas, emboloram na viagem, e chegam cá insípidas e estéreis. O flerte veio importado e embolorou; mas sofreu ao chegar umas adaptações que o tornaram gênero de tão vulgar consumo como o fonógrafo.

E teve uma extração imensa, tão grande como a da funesta invenção de Thomas Edison.

Flerte não é o velho namoro. Este é o gênero de que o flerte é uma das espécies mais interessantes. O namoro é cediço e traz a ideia, a porção de coisinhas ridículas que faziam o encanto dos nossos bisavós, a folhinha de malva, o ramilhete de *forget me not*, a mecha de cabelo amarrada com fitinha verde, os suspiros, o "vê-la e amá-la foi obra dum momento", o "sou um desgraçado, Elvira" e outras antigualhas de ressequido sabor.

O flerte é uma correspondência, uma palestra íntima entre dois pares d'olhos. Só, sem mais nada, sem consequências de espécie nenhuma. Se entram em cena os apertos de mão demorados, os contatos discretos, o diálogo dos pés, já o flerte deixa de o ser. O flerte só joga com dois pares de olhos e está nisso a sua grande superioridade. Não há barreiras que o interceptem. É americano, e por isso prático. Entra na categoria dos esportes. É o *lawn tennis* dos olhos.

O namoro exige sempre uma mesma pessoa e isso é maçada, faz o pobre namorado andar numa eterna dobadoura, de nariz farejante, procurando-a.

O flerte é uma correspondência, uma palestra íntima sua possuidora. Onde quer que o encontre – *zás*... – está armado o flerte. Que importa que os flertados de ontem fossem castanhos, que os de anteontem verdes e que os de amanhã sejam talvez azuis? Os de hoje são negros, a sua dona é formosa; o flerte, como oportunista que é, não pede mais, isso basta.

Este sistema tem imensas vantagens, não faz do *sportman* um magro cão veadeiro, de nariz caído, sempre farejando a mesma caça. Toma a que encontra e onde a encontre. Findo o flerte não há mais nada entre ambos; quando muito a impressão duma vaga saudade; continuam ambos livres como dantes, com ampla liberdade de cada um pelo seu lado flertar quem quiser ou repetir a dose, caso surja nova ocasião e haja mútuo assentimento. Traduzido em vernáculo, ou melhor, vestido em calão, dá – grelar, ou ainda "comer mamão"; mas este é uma degenerescência do flerte, pois que o classificou assim uma *flirteuse exímia*: o mamão come-se de três maneiras: com a boca quando se é noivo; com os pés quando não se está de botina nova; e com os olhos quando não se pode comer nem do primeiro nem do segundo modo. Donde se deduz que comer mamão não é bem flerte.

Fiquemos com o "grelar", que traduz com mais propriedade.

Um rapaz vê outro de olhos grudados numa moça; pergunta:

– Está grelando?

– Está.

– Aí, danado!

Esse "está" significa que, embora de olhos postos no santo,

humilde, murmurando rezas, de instante a instante ela funde o seu olhar no olhar dele, num movimento rápido e cheio de expressão. Os olhos dele bebem aquele olhar num golpe poupado e ficam outra vez imóveis em posição, à espera de outro, nessa imobilidade do sapo quando engole uma mosca.

O outro vem logo, o terceiro não demora, e o quarto, e o quinto, e assim se vão sucedendo, os olhares dela, num rosário delicioso de vezes.

Aquela fusão de olhares é o supremo encanto do flerte. Toda a alma, todo o corpo de um entra a habitar por um segundo a alma e o corpo do outro. É a comunhão de dois desejos, de dois sentimentos, de duas fugazes ternuras; é a confidência instantânea do que o cérebro pensa e a palavra não diz.

O MELHOR MEIO DE VENCER A DIFICULDADE

Para o flerte como para a fotografia a condição primordial é a *mise au pont*. É mister que os olhos possam se encontrar com desembaraço, coisa não muito fácil na igreja, onde são inúmeros os "espelhos sem aço".

Em geral ao *flirteur* incumbe essa tarefa, mas há um método novo que tem produzido ótimos resultados.

É o sistema do Rafa (S. G. D. G.).

Diz o inventor: Você chega e coloca-se bem visível; ela te vê logo, mas como são muitos os "espelhos sem aço", ela levanta-se, senta-se, ajoelha-se, levanta de novo, vai conversar com fulano, aproxima-se de sicrana, recua, avança, de repente para, fica quieta; é que se colocou, está focalizada e você pode "grelar" sossegadamente.

Mulher é como paca, vira, mexe até encontrar a toca.

Este sistema é ótimo; poupa ao homem uma grande maçada, além do cafuné que lhe faz no amor-próprio. Elas não o acham tal, mas paciência, nem tudo são rosas e, como diz Lao-Tsé-Yang, em tempo de chuva não há pêssego sem bicho.

FINIS

Esta lengalenga já vai maçando; é bom que cheguemos logo ao *Hic Jacet* e é bem fúnebre o *Hic Jacet* desta história...

O bote ia repleto, cheio até a boca, não comportando mais nem uma cabeça de alfinete... Assalta-o a borrasca... Há trovões, raios, relâmpagos.

Ondas enormes ameaçam sorvê-lo... Os tripulantes estalam os músculos nos remos, no desespero de se desvencilharem do perigo. Tudo em vão. Uma onda veio, uma onda gigantesca, que abriu rente da frágil embarcação um abismo de imensa boca negra... Ouviu-se um grito lancinante de suprema dor e Gusmão, Valdo, Bolato, Marcolino, Zequinha e Rafa se viram devorados pelo báratro.

Et l'histoire finit, faute de personnages.

ZEBEDEU DA SILVA
(*Jornal de Taubaté*, Taubaté, 2 de setembro e
3, 10 e 15 de outubro de 1905)

Quem ler "Sara, a eterna", incluído em Ideias de Jeca Tatu, não deixará de condenar Monteiro Lobato pela leviandade, para não dizermos perversidade, com que aborda a tragédia que desabou sobre Sara Bernhardt. A amputação da perna da grande atriz só lhe provoca ironias. No entanto, em um tópico de Mundo da lua, ele conta que a curiosidade o levou a São Paulo, a fim de vê-la no "Politeama". Descreve-a com entusiasmo e conclui: "Todos falam dela com a ternura saudosa das boas amizades antigas. Só as mulheres franzem os lábios. Os homens dizem a divina Sara. As mulheres: a velha Sara...".

Incrível, assim, que o articulista de Ideias de Jeca Tatu seja o mesmo de Mundo da lua, e do artigo a seguir transcrito, no qual exalta a grande trágica com os mais encomiásticos adjetivos. Só podemos compreendê-lo lembrando que "Sara, a eterna" foi escrito num período em que o escritor se pusera a reagir a tudo quanto cheirasse a "francesia". Andava com a França atravessada no pescoço, e o que viesse de Paris só lhe merecia remoques e censuras. A França está, gritava ele, "nos ponde faisandée antes do tempo". É essa reação contra a influência francesa que o leva a combater a arte moderna. "Ai!", exclama, "quando nos virá a esplêndida coragem de sermos nós mesmos, como o francês tem a coragem de ser francês, e o inglês a de ser inglês, e o alemão a de ser alemão?"

Sara Bernhardt

Paris é o fenômeno social mais característico da raça latina; Sara Bernhardt é a essência desse fenômeno reduzido a proporções individuais. Há uma íntima correlação entre a Cidade Luz e Dona Sol. Uma sem outra seriam inconcebíveis e inexequíveis; uma não derramaria luz e outra não seria sol. Entre ambas a afinidade que existe é a do lampião para o petróleo. Sara é um elemento constituinte desse estranho petróleo que Paris consome na fascinação do mundo. É também uma das detentoras das rédeas com que Paris governa o mundo. Um capricho de Sara dá uma forma nova ao laço de fita com que uma tarde ao "Bois", com um mau humor de Diana de Pongy, torce para a esquerda um tufo que era moda à direita. Paris no dia seguinte observa aquelas mudanças e, conforme o humor do dia, aprova-as ou as rejeita. E o mundo inteiro com avidez muda a forma ao laço, se Paris aprovou o capricho das suas rainhas, ou conserva tudo d'antes se Paris não o sancionou.

Há quarenta anos que Sara Bernhardt exerce por meio da cidade uma influência poderosa no mundo. Um novo gesto seu na interpretação dum velho papel corre de palco em palco e entra para o celeiro dos gestos clássicos. Quantas vezes num teatreco da roça não vemos uma atrizeca fisgar o céu com um gesto pontudo e absurdo ou dar à voz uma entonação e um gesto especialíssimo que nos impressiona pelo disparatado do inapropósito... É que a divina Sara criou esse papel e pôs em relevo uma entonação e um gesto especialíssimo nela, só possível com o consumo do seu gênio, só não absurdos enfeixados no conjunto harmônico do seu modo de dizer e de criar um personagem – esse gesto e essa entonação impostos ao mundo pela sanção parisiense vieram parar nesse recesso de aldeia com a desconchavada adulteração com que muitas vezes um verso de Shakespeare, em inglês, surge capenga e lazarento, inçado de bostelas na ortografia e inconcebivelmente fora de propósito, surge para *épater* num artigo sobre política local de Mister Romais politicoide e vereador.

De quanto absurdo em arte dramática a culpada inicial não é a grande Sara! E faz-se culpada pelo prestígio imenso e pela imensa influência que, ocultamente, exerce sobre as criaturas do seu sexo, prestígio incalculável porque é sub-reptício e age sutil e imperceptivelmente pelos mil complicados escaninhos da psíquica feminina.

E talvez por isso as mulheres conservam um eterno rancorzinho contra a absorvente Sara. Não há nenhuma que não misture à admiração que finge por ela um amargo de despeito e inveja. Odeiam nela a mulher que foi mais completa e poderosamente rainha de quantas o tem sido.

A mulher que vive há quarenta anos imersa num ambiente de glória, com os ouvidos atribulados por uma universal constante e ininterrupta ovação. A mulher que possui o maior exército de fascinados e a mais suntuosa corte de adoradores. A mulher que tem aos seus pés em constante turiferação a Crítica Universal. A mulher que um consenso mundial condecorou com o título único de "divina" e para cujo apelido foram buscar o mais luminoso dos astros, "Dona Sol". Mulher que pisa com supremo desdém sobre os sagrados chavecos da moral porque está acima da moral e que habita um ponto tão elevado que o mundo inteiro pode acompanhar os seus menores atos.

A cabotina outrora amante de Eduardo, de Francisco José, Leopoldo, e esposa morganática dum príncipe real; o cometa de cauda luminosíssima que atravessa de vez em quando um continente derramando deslumbramentos; a milionária que não sabe o que é ter um capricho insatisfeito, que toma um comboio especial à hora que lhe apraz como nós tomamos um bonde; e sobretudo a criatura cujo batistério marca a idade de

64 anos mas cujo físico, cujo gênio, cuja arte estão ainda em pleno esplendor de floração!

Velha? Por que velha? Como velha se ainda arrebata e fascina as multidões e faz os teatros estremecerem sob o delírio das ovações?

* * *

Sara Bernhardt tem estatura harmoniosa, e em rigorosa justeza de proporções com os cânones da mulher normal. Todo o seu corpo respira harmonia de proporções e a sua insistida magreza é mais *blague* de uso imemorial que um fato verdadeiro.

Conhece da arte da elegância os mais recônditos mistérios e fá-los valer com requintado *savoir*. O cabelo é loiro como o sol, abundante, copioso, e é com suma arte que ela o traz ajeitado em famosos penteados, verdadeiras obra de arte de caprichoso estilo. No rosto tem, quando nenhum sentimento forte a anima, uma expressão triste de dor, onde talvez um Lavater lesse a impressão sobreposta dos milhares de expressões que esse rosto traduziu na sua vida de trágica, mas onde um menos romântico lerá um cansaço, um *tedium vitae*, uma saciedade, uma fartura por esta vida que lhe deu tudo, absolutamente tudo o que podia dar.

E nesse corpo mora uma alma de gênio, criadora incansável de almas, tradutora maravilhosa das grandes almas que criam Shakespeare e os Hugos.

E tão grande é a pujança do seu gênio que as próprias marionetes que esse velho marceneiro de Sardou atamanca laboriosamente, ela as transforma, enche de vida, empresta-lhe um valor artístico que não tem, e arranca com elas a ovação delirante das plateias.

Sara Bernhardt merece dar o nome ao seu século porque ninguém mais completamente o avassalou. Ele todo está cheio do frufru das suas saias, do zunzum das suas aventuras e do fragor das suas vitórias. Mulher nenhuma, pise ela a Antiguidade clássica ou respire o ar atual, cresceu tanto, dominou tanto, extravasou tanto, entusiasmou tanto, criou tanto, como a esquisita nevrótica que foi mulher de Jacques Damala.

Sara Bernhardt é um curiosíssimo fenômeno social que deve ser estudado à luz da mesologia latina.

Como produto supremo dessa raça, vindo dela como a rosa vem da roseira, resume-se em suas qualidades e em seus defeitos, como a Duse resume a psíquica da Itália.

A floração duma raça, ela sabe conservar como essa raça um extraordinário vigor, uma extraordinária vitalidade, zombando dos anos numerosos que se lhe vão acumulando no dorso.

Vieira Lion
(*Minarete*, de 19 de janeiro de 1905)

Monteiro Lobato não possuía imaginação criadora. Não era um ficcionista puro, desses que no dizer do poeta "dão corpo aos anjos". Era, isto, um imaginativo. Partindo do fato real, ia longe, as ideias acorriam com profusão e se desenvolviam com lances dos mais imprevistos. "Um Giles moderno" pretende ser um conto à Hoffmann. Mas, sentindo no meio da empresa sua própria fraqueza e incapaz realmente de tirar "do nada" uma história fantasia, cai no humor, na piada. E o que se prenunciava uma excelente narrativa misteriosa, poesia, se transforma, ao cabo, numa crônica meio irônica, algo sarcástica.

O título foi-lhe sugerido por Giles de Retz (ou Rais), marechal da França, nascido em 1404 e executado em Nantes no ano de 1440. Foi companheiro de Joana d'Arc, e, aos 25 anos, marechal. Abandonando o Exército, retirou-se para o seu castelo em Tifauges, e ali cometeu uma série de crimes horrorosos, sacrificando à sua bestialidade inúmeras crianças. Foi na sua sinistra figura que Perrault se inspirou para criar o Barba Azul.

Um Giles moderno

Shakespeare não disse que o homem é um museu de dramas, e foi pena, porque nos arquivos da humana sabedoria ficou a mais essa banalidade, e a menos, um profundo axioma shakespeariano.

Não disse, mas o homem é isso, todo homem é um museu – este sortido, aquele minguado, este riquíssimo, aquele bem pobre, este variado, aquele monótono – de dramas, às vezes tão pavorosos como nunca os sonhou a paranoica imaginação dum Ponson. Eu tenho o meu drama pavoroso, tão horrível, tão aterrador, que sobreergue-se grande, pondo em apagada penumbra todos os outros do museuzinho que sou.

* * *

Em 94 consumia eu na sapiente Alemanha os últimos *bocks* e atirava às derradeiras cutiladas da longa série de *bocks* e cutiladas que é mister engolir, e atirar, para que a douta universidade de Bonn nos transforme de simples mortal em complicado doutor.

Entramos em férias, e eu, talvez para imitar Goethe, com o seu sapateiro de Dresde, afundei para uma vilota humilde a algumas milhas de Posen, hospedando-me na pitoresca herdadezinha dum moleiro de origem holandesa. Não foi sem custo que fiz compreender ao excelente Hans Tilbourg a extravagância do meu proceder, vindo passar uma quinzena naquele bucolismo pacato quando Berlim me acenava com o seu parisianismo, e de Munique me subia ao paladar o gosto da sua cerveja incomparável. Mas acolheu-me afinal e logo ficamos bons amigos como se de longos anos oficiáramos juntos, queimando o mesmo incenso, nas aras da Amizade (não sei se é bem assim que se diz).

Um patriarcal viver chocava naquele pacífico recanto da Germânia, fluindo com a monotonia da felicidade por entre o moinho sempre ativo, o pomar, as hortaliças, um punhado de vacas tão bondosas que eram como pessoas da família, galinhas familiares e mais uns tantos animais de alma santa como a de São Francisco Xavier. As três filhas de Hans, "Frau Hans", e duas velhinhas avós das meninas formavam o doce clã; minto, havia morando com elas também outra suave criatura, a Felicidade. Assisti à sua partida, e começa daí o prólogo do dramalhão horrível que enche o meu museu.

Uma noite de costumeiro serão em que eu, com uma história inconcebível de jacarés e bugres, mantinha suspensas as cinco agulhas de tecer peúgas, e apagado o cachimbo de Hans, presos todos, agulhas e cachimbo, da mais ingênua e alemã emoção, o tempo arruinou de brusco, e trovões regougaram longe. Hans lembrou-se duma carrocinha de mão que ficara à beira da estrada (a estrada que de Birnbaum vai a Neustadt cortava a herdade) e deixou os meus bugres para recolhê-la. Frau Hans, tomada de súbito pressentimento, desses que acodem às mulheres como uma palpitação remota do pólio à agulha magnética, reteve-o, pressaga:

– Não vás!

– Ora esta! Por quê? – fez Hans espantado.

– Não sei... a chuva... pode chover... – procurou a mulher justificar, já envergonhada, o seu medo absurdo.

Hans foi. Parei a minha história, menos para esperar sua volta que por ter-me assaltado, num frio fino de corrente de ar, a indefinível inquietação da boa mulher.

Não havia nada, não prevíamos nada, não suspeitávamos de nada; donde então aquele arrepio precursor de coisas horríveis que nos esfrolara a pele? Estranhos magnetismos, esse magnetismo do futuro, esse magnetismo da desgraça. As compridas agulhas de osso volveram às peúgas, e eu desdobrei um número velho da *Gazeta de Frankfurt*.

Um silêncio inquieto invadiu a saleta expulsando o ruído alegre de há pouco. Trovões amiudados traduziam, num vozeirão de regougos, os hieróglifos cegantes que o relâmpago traçava no céu de ardósia. E o eco os soluçava, com um fragor entrecortado. Mas um houve que de novo suspendeu as agulhas e imobilizou as cabeças no gesto de quem escuta... Dir-se-ia uma esfera que passava, fantástica, rompendo o ar com um zumbido espesso. Esmoreceu logo, porém; passou, sumiu...

– Trovão? – indagou a mulher.

– Parece – respondi duvidoso.

As agulhas re-encetaram a tarefa; a *Gazeta* abriu-se na segunda página; um novo silêncio se fez que durou dez minutos. A inquietação de Frau Hans crescia.

– Que demora! Tinha tempo de ir e voltar cinco vezes...

– Anda pelo moinho – aventei para animá-la, mas Frau não me ouviu, abrira a janela e com olhos apreensivos investigava a escuridão impenetrável que escondia o moinho. Súbito, fechando a janela, convidou-me:

– Vamos lá? Vamos procurá-lo?

– Vamos – respondi, e equipando-me seguido de nervosa criatura.

Fomos direto ao moinho; estava fechado. Batemos, escutamos à porta: nada, nada.

– Talvez ande para o pomar – aventei, e para lá enveredamos.

Que escuro fazia! A lanterna mal alumiava, trepidante a chama da vela às rajadas do vento gelado. Ia eu na frente tateando; ela seguia-me arquejante. Ao cortar o caminho divisei um vulto; projetei sobre ele a luz cadavérica da lanterna. Era uma mancha de sombra enviesada à beira do caminho. Aproximei-me... Oh! Horror! Meus olhos se esgazearam num pavor nunca sentido. Vi meio corpo humano, pernas e meio torso, decepado como por uma navalha gigantesca que dum só golpe caísse sobre o umbigo. O ventre jazia nitidamente seccionado, e repousado num lago de sangue grosso. A mulher de Hans soltou um mugido cavo, e fugiu, doida. Senti o coração pular-me no peito como atacado da doença de São Vito. As pernas de Hans, longas e magras, unidas a um palmo do torso decepado à navalha, encenadas pelo sinistro da treva em convulsões, e esticadas num tapete de sangue negro, a alacridade morta da lanterna...

O mistério que era tudo aqui... Oh! Um frêmito de pavor me arrepiou as carnes em febre!

Fios de vertigem amarravam os meus olhos àquela imagem horripilante. Quis arrancar-me dali, fugir; não pude. Súbito uma força incoercível tomou-me a cabeça entre as mãos, e voltou-a sussurrando-me ao ouvido: olha! Olhei e vi... vi, vi, vi. Hans voltado para mim, de olhos esgazeados, mãos crispadas, e de pé!... Oh! De pé! Com a outra metade do corpo decepado, ereta na areia da estrada, de pé, como um anão sem pernas, como um copo de cabeça e braços, como uma herma grotesca de dor e sangue, pegada num disco de lodo vermelho...

Um relâmpago fulgiu, que inundou de clarão sinistro aquela cena de Hoffmann. O trovão estalou forte, desacorrentando uma bátega copiosa, sacudida de rajadas que assobiavam. A lanterna apagou-se. Corri desvairado, tropeçando, caindo, e tombei de bruços, exausto, os cabelos em pé, balbuciando, à soleira da casinha que um coro de uivos enchia lugubremente.

Voltei logo para Bonn levando, grudada na retina, a imagem sinistra daquela cena, e na cabeça, a torturar-me os miolos com a insistência da verruma, o enigma que era tudo aquilo.

Arquitetei inúmeras hipóteses. Seria isto? Seria aquilo? Seria um crime? Era, indubitavelmente. Mas a sua originalidade desnorteava.

Que braço humano poderia seccionar um tórax dum só golpe?

O exame médico-legal acentuou o fato de não existir solução de continuidade na ferida, e o doutor Otto Müller, seu relator, concluiu pela "secção instantânea e dum só golpe".

O fato caiu na frigideira da opinião pública e em toda a douta Alemanha não houve jornal, nem médico, que sobre ele não tecesse a metafísica das suas considerações pessoais. Na Universidade de Jena uma grande discussão se empenhou entre o professor Besch e o doutor Otto, subindo a tal grau de incandescência que este se viu forçado a bater-se em duelo.

No local do sinistro nenhum vestígio denunciador apareceu para norte das pesquisas. A morte de Hans resistia blindando de aço à argúcia pretensiosa da polícia do Kaiser.

A chuva lavou a estrada, apagando algum indício que porventura houvesse. Em breve, da morte de Hans só restava um inquérito de boca aberta, e as saudades negras que arrasavam de soluços a triste viúva.

Mas o olvido tem medo ao mistério; esclarecido o fato dias depois, só me restariam dele trapos desmaiados; tê-lo, porém, assim indecifrado, isso o fazia boiar, de quando em quando, à tona da memória, onde brincava de chicote-queimado com o bando de hipóteses que ele fizera nascer.

E de longe em longe, ora durante o sonho, ora numa *revérie* ante um *bock* da Cervejaria da Águia do Bico de Ouro, sempre me vinha à mente o caso de Hans.

Passaram-se meses. Um belo dia, quando, equipado para uma excursão alpinista, corria os olhos pelos jornais, antes de partir, dei de jato com uma notícia que me gelou o sangue nas veias:

"Numa estrada perto de Wittingen foi encontrado um homem decepado pelo umbigo, dum só golpe; as pernas se achavam à beira do caminho e a outra parte do corpo, de pé...".

Não li o resto, violentamente impressionado, o coração palpitando-me brusco. Revi num segundo toda a horrorosa tragédia de Neusdadt, reproduzida fielmente em Wittingen. Atirei-me à cama, esquecido da excursão, remoendo os mais estranhos pensamentos, e passei esse dia torturado pelo X horrível do problema.

O novo crime teve uma repercussão maior ainda que o primeiro; o próprio Kaiser, no seu irrequietíssimo invasor, meteu o bedelho na questão; novas polêmicas, novas brigas, novos duelos, uma sessão da Academia de Ciências de Berlim, novo inquérito, novo desnorteamento dos pesados Javerts teutônicos.

Parti para Wittingen a ver se colhia algum dado novo. Reinava o espanto na população, e sobre todas as fisionomias patenteava-se o ar de susto que domina o homem desnorteado pelo mistério. Uma lenda começou a se formar, cheia de encantações e sobrenatural. Examinei o local; pesquisei indícios; indaguei dos vizinhos. Um deles me contou que ouvira um trovão abafado e esquisito, e logo em seguida um grito de dor.

– Um trovão surdo, rápido?

– Isso mesmo.

– Assim como qualquer coisa que corta o ar?

– Isso!

Dei um murro na testa e num clarão achei minha lógica na pista do enigma.

Esse ruído surdo, esquisito... não foi o mesmo que sobressaltou Frau Hans? Voltei para Bonn numa satisfação indizível. Só eu em toda a Alemanha estava na posse do segredo, e esse segredo guardá-lo-ia como a um tesouro. Não o revelaria a ninguém, para gozar duma sensação que era única, que só eu sentia entre milhões e milhões de homens.

Mal pisei em Bonn, porém, embalado por essa deliciosa vaidade, vem-me ao encontro o meu amigo Reuss, com um jornal na mão, dizendo:

– Um outro fato absolutamente idêntico ao de Hans.

– Tarde piaste, venho do teatro dos acontecimentos – respondi teatralmente.

– De Pritzwalk?

– Pritzwalk?...Wittingen, queres dizer!...

– Não, falo de Pritzwalk.

Olhei para Reuss assombrado.

– Pritzwalk?

– Sim, olha aqui.

Corri os olhos, diabo! Um terceiro fato exatamente igual aos precedentes. O mesmo decepamento, o mesmo "de pé", o mesmo rumor, o mesmo rumor!

Não resisti mais, agarrei o meu amigo e cochichei-lhe o meu segredo. Reuss encarou-me cheio de admiração, pensou um pouco, e finalmente deu um berro de entusiasmo:

– Mas é isso! É exatamente isso! Tão claro, tão evidente!... E como é que ninguém teve essa ideia? É isso!... Você enxerga mais que a própria polícia alemã. Bravo! Bravo!

E abraçou-me comovido.

– Vamos agora comemorar o acontecimento a golpes de *bock* – continuou Reuss –, vamos. – E arrastou-me à Cervejaria da Águia do Bico de Ouro, para onde fomos como dois napolitanos, com grandes gestos, uma satisfação vitoriosa impressa no rosto.

– Corja de pedaços de asno – gritava Reuss –, estão em face de um caso magnífico de satanismo e não o percebem!

– O satanismo de Giles de Rais – intervim eruditamente –, decuplicado de requintes pela indústria moderna. Esplêndido!

– A mais antiga das loucuras e o delírio mais moderno, casados, fundidos...

A bobina, o dínamo, *rumkorff*, volta, postos ao serviço de Giles de Rais... Esplêndido!

– Ah, Poe... Que novela não tiraria Poe desta história...

E assim, num delírio de entusiasmo, penetramos na Águia, com grandes berros, grandes socos na mesa, e grandes desaforos atirados à cara do pacífico e gordíssimo imbecil do Max, o gerente da cervejaria, eternamente espaçoso no *comptoir*, como uma imensa excrescência de sebo com uma esfera exótica por cabeça, uns pelos de escova por cabelo, e dois olhitos de boneca por olhos.

Durante uma semana essa série de crimes misteriosos empolgou, com o exclusivismo do "Sensacional", a atenção e o comentário germânicos.

Os jornais caíram em cima da polícia, que pôs as mãos na cabeça, atordoada. Bebel interpelou o governo no Reischstag, culpando o Kaiser da inépcia dos seus esbirros.

O professor Besch bateu-se em novo duelo com o doutor Otto, perdendo numa cutilada o lóbulo da orelha esquerda.

Em Jena cindiu-se a universidade em duas facções contrárias, os *Voltizacherpatoschertzn* e os *Kanderlaftneuschesloghpritzu*, com os programas perfeitamente definidos nessa palavra – houve luta corporal e violenta.

A cerveja duplicou de consumo porque o fim de toda polêmica alemã é a extinção do calor gerado na contenda por meio de jatos de *bier*, atirados com gana ao fundo das glotes ressequidas. Um velho meteorologista, Von der Blackestein, homem de muito óculo e vasta sapiência, empreendeu uma obra em sete fólios maciços e impenetráveis para demonstrar a relação entre os estranhos assassinatos e a precessão dos equinócios.

Em Bonn, Reuss e eu gozávamos a delícia de olhar do alto a caterva imensa dos imbecis que tateavam às cegas num campo onde só nós enxergávamos claro. E resolvemos publicar uma brochura intitulada "O X do caso Hans", que explodisse como uma bomba de evidência no meio da atroz cegueira alemã. E atiramo-nos à obra com a sofreguidão dos que se sentem cofres de um segredo que incha cada vez mais e ameaça explodir. Guardar um segredo é guardar dinamite no estômago; se não o vomitamos ela rebenta.

A brochura abria com um histórico dos grandes criminosos, os criminosos de gênio, paranoicos, monomaníacos, satânicos do grande tom; falava nos Soubisses, nos Borgias que eliminavam pelo veneno quanto obstáculo em carne humana se antepunha à completa expansão dos seus instintos avassaladores, falava em Giles de Rais, o marechal de França que martirizou em seu castelo de Tifauges mais de oitocentas crianças. Falava em reis do Egito, na Voisin, na Marquesa de Brinvillers, nos papas, em Calígula, nos paxás de Janina, nos xerifes de Marrocos – em todos enfim que rompem as tradições do crime, produzem coisas novas e penetram com a audácia dos missionários pelas regiões proibidas da crueldade, dos crimes de gênio, das ferocidades admiráveis de engenho e requintes.

Após esse prólogo de sensação, aperitivo apimentado que deixava a imaginação do leitor a arder numa incandescência de hemorroidas, entrávamos a estudar a hipótese dum criminoso que fosse novo, original, produzisse coisas inéditas e não parodiasse os seus antecessores.

E concluímos que estávamos em face de um absolutamente novo, um que punha os requintes da nossa civilização industrial, um que galgaria a citrina da história por uma série de crimes de gênio, obra talhada com o camartelo de uma crueldade inédita no mármore doloroso da carne viva.

Desenvolvida essa hipótese, entrávamos de chofre no caso de Hans – como coincidente em todas as suas partes no molde dessa hipótese. Mas no desenvolvimento da narração usávamos para com a impaciência do leitor dos mesmos processos que os gatos usam para com o camundongo que lhe cai nas unhas. Meandros, desvios, digressões, toda sorte de recurso protelatório reuníamos ali em torno da questão, de modo a sempre desnortear o espírito do leitor. Mal o púnhamos na pista e logo o despistávamos, para gáudio nosso e desespero dele.

Foi assim que tudo dizendo quase dizíamos, mas nada dizíamos do que ele ardentemente procurava saber.

A brochura tudo explicava dos estranhos acontecimentos, exceto o fato do "de pé", a constante posição do torso decepado; mas, embora inexplicado, formulamos duas hipóteses que tinham força suficiente para, a um dado novo, se traduzissem em em verdade positiva.

Escrevíamos a tal brochura na cervejaria do Max, que nos olhava pasmado, tonto dos nossos berros e das palavras cabalísticas com que atroávamos a sua Águia do Bico de Ouro.

Em 15 dias tínhamo-la prontinha para a fecundação do prelo.

Exultamos, esfregamos as mãos contentes, quando, após a revisão derradeira, metemos ombros à sua publicação.

– Hein? Reuss? Vai rebentar como uma interpelação de Bebel a nossa brochura, hein?

– Um estouro de melenite! Vamos ver as edições esgotadas às dezenas. Nunca um livro como o nosso chegou tão a ponto; a opinião pública está a arder, a estalar; até o Kaiser nos lerá, vais ver.

Mas não foi assim; a má sorte veio interpor o seu execrável *non placet*. No dia em que entregamos a brochura ao editor, os jornais trouxeram uma longa notícia que pôs tudo a limpo, fazendo descer o mercúrio da impaciência popular, e estragando assim o sucesso das nossas revelações. Essa notícia no *Berliner Tageblatt* rezava assim:

"Dois mecânicos em viagem pedrestre para Lekan presenciaram um fato horrível na estrada comunal dessa cidade.

Esse fato vem esclarecer o mistério estranho que de meses a esta parte pesa sobre a Alemanha, como uma nuvem de chumbo em iminente desabar. Numa curva desse caminho toparam de súbito com um amontoado informe de maquinismos despedaçados, tendo ao lado um corpo humano, horrivelmente mutilado, sangrando ainda, os miolos abertos em couve-flor, um pedaço de caixa craniana saltada a dois metros de distância, semelhante a uma cuia de sangue. Era um automóvel de grandes proporções que se tinha chocado contra um carvalho marginal. Examinando os destroços notaram que a estranha máquina era armada na frente de uma larga lâmina de aço cortando como uma navalha, medindo um metro de largo sobre uma extensão curvínea de três e meio. Essa navalha gigantesca, dando de encontro ao carvalho, penetrou tão profundamente na madeira, que é um milagre o possante vegetal se manter ainda de pé. O menor vento, porém, deitá-lo-á por terra...".

Reuss, que lia essa notícia, deu um berro imenso: – "Cachorros! Roubaram-nos a *chance*!". E correu à Águia, comigo, desesperados ambos, a afogar as mágoas na consoladora Valquíria espumante.

HÉLIO BRUMA
(*Minarete*, 30 de novembro de 1905)

Embora se reconhecendo amadiçoado das Musas, nunca sabendo se um verso prestava ou não, Monteiro Lobato escreveu sobre muitos poetas, tendo mesmo prefaciado diversos volumes de versos. Isso sem falarmos nas inúmeras cartas dirigidas a poetas de todas as partes do Brasil. Ele próprio versejou, embora somente no período áureo do namoro e noivado. Seus versos originais são ruins, não denotam nenhum senso poético. Há casos de escritores que, embora não sabendo ou não conseguindo poetar, estão, contudo, aptos a entender, analisar e explicar a poesia. Possuem, enfim, sensibilidade, ou "dom" para a compreensão do fenômeno poético. Com Monteiro Lobato não sucedia tal coisa: reconhecia-se "amaldiçoado das Musas". Apesar disso, soube "sentir" a poesia que há nos haicais japoneses, como bem nos mostra o artigo a seguir transcrito.

A poesia japonesa

Embora mereça hosanas o homem modesto que raro fala de si, pecaminosa se faz tal virtude quando em excessiva demasia. É pensando assim que a ponho hoje de lado, neste estudo breve sobre a poesia japonesa, para, sem peias, livremente expender a minha opinião pessoal, haurida em observações *d'apres*, na recente excursão que tive azo de fazer ao través de tão original país.

Acompanhando um hábil niponólogo francês, Mister Belet, profundo conhecedor da língua e da literatura japonesas, incansável escavador armado de aparelhos criticistas de notável precisão, convivendo longos meses com ele em Tóquio, onde uma diária confabulação nos fez grandes amigos – posso hoje falar as coisas desse país com a segurança de "ver para crer", de São Tomé, fugindo, assim, à prática ronceira de quase todo cerzidor de japonesices – artigo-paris onde o ridículo corre parelhas com o absurdo.

Imbuídos que fomos das *blagues* com que a nossa civilização solidificou o seu juízo crítico sobre o país dos crisântemos, ao deparar-se-nos a face verdadeira das coisas de lá, um comentário único entronizava-se em nossa mente; como o ocidental é leviano e ignorante!...

Nenhuma das ideias correntes no Velho Mundo sobre este mundo ainda mais velho é verdadeira.

O Japão dos leques é calúnia; não menor o é o do senhor Pierre Loti. O Japão dos rabichos é uma bobagem; o das cegonhas, outra. O dos íris, uma futilidade, o das musmés, outra.

E entretanto o Japão é o país das musmés, dos íris, das cegonhas e dos leques. Nós também temos a febre amarela, mas nem por isso deixa de ser rematada sandice a definição francesa: o Brasil é a febre amarela.

Reagindo contra esse ponto de vista ridículo, vamos descrever certas facetas do povo japonês com a segurança dum São Tomé que viu. Iniciaremos a série com um estudo sobre a poesia japonesa.

I

O homem é uma moldagem do meio. Verdade velha, mas de lei. O meio grego, clima, topografia, sistema orográfico, criou o heleno; e só poderia criar o heleno. Dá o cafeeiro outra baga que não o café?

O punhado de ilhas e ilhotas que constitui a Inglaterra determinou a feição do inglês. Uma tribo de papuas metida lá, com o decorrer do tempo, estaria evoluída para o inglês atual. Toda semente deitada entre as mós produz farinha.

O Japão é, também como a Grécia e a Grã-Bretanha, um punhado de ilhas; tem, como elas, uma feição própria, especial, inconfundível: os agentes naturais reagem nele segundo leis que não são idênticas às do resto do mundo; a formação geológica apresenta características especiais; o sistema vulcânico, a mesologia marítima, o ambiente em função de correntes peculiares à zona totalizam-se no que se chama genericamente o meio nipônico. O japonês surge dele como um produto incoercível; com uma civilização própria; um pensamento próprio; uma arte própria.

A poesia, como o mais, traz o estigma dessa poderosa individualização.

Os leques não mentem muito quando pintam, para uma cena de musmés entre móveis de bambu, um fundo desmaiado de vulcões. Há-os, de fato, em quantidade.

O país inteiro é uma ilha vulcânica, eriçada de crateras extintas, belíssimas. O Fuji-Iama de flancos nevoados, montanha sagrada, alvo de peregrinações, o Ochima fumegante, o Iamada pincelando o céu de esfuminamentos difusos, tantos... E as torrentes, as quedas-d'água que criam um pitoresco delicioso pelas regiões que serpeiam? A Chusenji vale o Niágara em beleza, beleza *mignon*, delicada; e as torrentes do Kshiu valem a do Cedron famosa. E os bosques de pinheiros? E as florestas de cedros? Campos de íris, plantações imensas para a colheita de flores, lagos puríssimos.

De toda essa natureza cheia de imprevistos e fascinações, uma aura de poesia se desprende, infiltra-se na alma do aborígine e fá-lo um poeta nato. E a poesia-arte, concretização estética da poesia-emoção, rebenta em floração abundante como um campo de crisântemos ao fluxo da primavera.

É tão organicamente poeta, o japonês, que, às vezes, versos cheios de poesia defluem-lhe da boca, inesperadamente, numa palestra corriqueira.

Belet, um dia, apresentando pêsames a um mercador de panos pela morte duma filhinha de dez anos, teve uma resposta que o encantou:

Como sorrir dora em diante
Se Kiyo já não existe...
E de que servem lágrimas também?
A vida é odiosa e os bons deuses
Para o contato poupar-lhe
Levaram-me o meu bem.

Outra vez Belet ouviu duma mulher do povo, que fugira do teto conjugal, e se arrependera (transcrevo em francês, do modo por que ele a verteu):

Si l'irreparable pouvait être reparé
il ne le serait que par une chose:
Les armes.

Quando os últimos fios de fevereiro se veem banidos pelas soalheiras de março, os ameixais rebentam numa florescência cor de neve, semelhando a continuação da neve hibernal. Essa semelhança não passou despercebida aos vates nacionais. Sosei fala assim:

No vergel prateado quem canta? O rouxinol. Enganado pelo seu desejo de primavera toma os últimos flocos de neve pela flor nevada da ameixeira.

Os jardins e as herdades onde as ameixeiras principiam a florir são alvo de longas peregrinações de curiosos, endomingados como para um serviço religioso. Vêm ver, vêm de longe gozar o espetáculo de revivescência álacre que a natureza ali lhes oferece. E não só a essa árvore se restringe essa homenagem, a todas em que a natura sorri pela boca das flores, estende-se ela. É assim que, após as ameixeiras, temos as cerejeiras, os íris, os lírios.

Os jornais trazem o povo ao corrente dos progressos das vergônteas e anunciam o momento precioso em que os botões se abrirão medrosos, à luz do sol. À fina estesia do nipônico só agrada nesse espetáculo o "apenas entreaberto dos botões" no primeiro dia; ao desabrochamento amplo dos dias subsequentes não liga menor apreço.

O Japão é o país das ternuras e das nuanças. À florescência rosada das cerejeiras, aflui o povo pressuroso aos parques de Ueno e Shiha, aos vergéis do Mukojima e do Koganei, e permanecem estáticos ante o formoso espetáculo. Todo o país se embriaga ao capitoso aroma que dessas flores se evola. É infantil, mas grandioso. Em torno de mesinhas improvisadas sob as árvores, enquanto o *sakê* circula em minúsculas taças de porcelana, a poesia esfuzia, como esfuzia o espírito numa festa parisiense. E a cena se torna única em todo o mundo.

* * *

Ora, tal povo é fatalmente poeta, e grande poeta. Avaliem-no por estas produçõezinhas colhidas a esmo, e pessimamente traduzidas.

DECLARAÇÃO DE AMOR

Os ramos da alga marinha flutuam
Separadamente à superfície das águas...
Eles têm, entretanto, uma só raiz.

* * *

Estrofes formando poesias completas:

Ao luar
Como reconhecer a flor da cerejeira?
Deixando-nos guiar pelo seu perfume.

*

Céu de outono e coração de mulher
Se assemelham;
Em uma só noite um e outro
Mudam sete vezes.

Mas que irrisão, traduzir a poesia japonesa! Ela fica para nós reduzida à mísera condição duma flor de ameixa empalhada; perde o perfume, a forma e a cor, a deliciosa cor local. Heine dizia da poesia traduzida que era "*Clair de Lune empaillé*".

E dizia grande verdade. Imagine-se o que não fica, traduzida, a poesia japonesa, que é mais sutil que o luar, que se não definiria como luar e sim como "aroma de luar?".

HÉLIO BRUMA
(*Minarete*, 1º de março de 1906)

"Nesse mesmo Minarete", escreve Monteiro Lobato, "aparece 'O queijo-de-minas ou a História de um nó-cego', romance a duas mãos que Rangel e eu – eu em Taubaté e Rangel em Silvestre Ferraz – começamos a escrever. Um fazia um capítulo, outro fazia outro. Até o título era de colaboração; ele deu o queijo, eu dei o nó."

O romance começou muito bem, mas de certo ponto em diante Lobato começou a desmoralizar os personagens criados por Rangel. Este revidou e matou um dos personagens de Lobato. Lobato matou dois do Rangel. E assim foi indo, como numa vendetta corsa, até que o romance não pôde prosseguir por falta de gente em cena. "Ficamos", conclui Lobato, "em campo só nós dois, os autores, muito desapontados, sem saber o que fazer dos mortos – et le combat cessa faut des combatents –, como no Horace, de Corneille. Apertamo-nos as mãos em gesto muito cordial, como depois das lutas de boxe, e os pindamonhangabamos leitores de Minarete, que, com esperança de algo sério, secreta e desconfiadamente vinham lendo os rodapés de 'O queijo', olharam-se uns para os outros com asníssimas caras."

No decurso da correspondência com Godofredo Rangel não são poucas as referências a esse trabalho que os amigos faziam em colaboração, para se divertirem. Em 15 de março de 1906 diz Lobato a Rangel: "Acabo de ler 'O queijo' e acho que te alcandoras muito. Aquilo é esbanjar filosofia com quem só quer polenta grossa". Meses depois, precisamente em novembro, volta

a tocar no assunto, para dizer: "Não pare com 'O queijo', porque vai indo muito bem. Precisamos agora acelerar a ação. Parece-me tempo de matarmos um dos heróis. Olhe que prometemos ao público várias mortes trágicas!". E por todo o ano de 1906 e 1907 a correspondência entre os dois amigos está cheia de referências a "O queijo": "Disse-me o Benjamim que já lhe mandaste mais capítulos de 'O queijo' e estou ansioso por vê-los impressos". "Não escrevi mais 'O queijo' porque entrei pelo 1907 jurado de não mais fazer literatura, essa sordícia...".

Apesar disso, ainda escreve outros capítulos, e jamais fugirá da literatura. Infelizmente não conseguimos reconstituir todos os capítulos de "O queijo" que foram publicados, mas os 38 capítulos que aqui apresentamos possuem um mérito: estão em sequência certa, sem falhas ou lacunas.

Muitos anos depois, com algumas correções, Monteiro Lobato reproduz nas páginas de A vida moderna doze capítulos dessa "brincadeira".

O queijo-de-minas ou História de um nó-cego

Novela joco-séria em capítulos curtos e português de lei, com duas mortes trágicas e outras peripécias interessantíssimas.

I

– Bobo!

– Tonel sem fundo!

– Santarrão!

– Esponja indessendentável!

– Homem efeminado, que não bebe nem fuma e anda inçado de virtudes teologais.

– Vício feito homem, mistura de meio Sileno com meio Marquês de Sade.

– Vício é humano, baseia seu fundamento na própria natureza do homem; o Vício é o Bem; na Virtude é que está o crime, porque ela posterga as fatalidades incoercíveis da vida. A Virtude é o Mal.

– Olha que há um Deus...

– Ah! ah! ah!, bem o sei; mora no fundo das garrafas; chama-se Baco: é o pai das ideias cor-de-rosa.

– Olha que tens uma alma...

– Ah! ah! ah!, boa piada; dize outra.

– Satã!

– Serafim aquerubinado!

II

Coisa não será digna de menção uma contenda entre amigos, mas ao caso é, tantas sobejam razões a Carlos Ivan para recusar o convite de Valter. Ai que este Valter é da pele! Com ser oriundo de estirpe afeita à bebedice, bebe de cair, e faz beber aos amigos. Nesse dia instigava ao pacato Ivan para que "bebesse pra ali", duns álcoois ingleses, de nomes pândegos, que o garção lhe deitava no copito. Era este Valter um malandrim chapado, atreito a exotices de selvagem.

Alemão de Munique no beber, na privança a que era useiro com madamas de feio comportamento, semelhava um *voyou* de Paris. Meandros da má vida não os havia que Valter desconhecesse, e os anos que tinha gastara-os em perlustrá-los com histérico frenesi – "que a tanto arrasta educação ruim e ruim origem" (Fr. Pantaleão do Aveiro). Era de ver o garbo com que penetrava uma tasca, risos nos lábios, palavrões na boca, berrando pelos "gins" costumeiros, adeusinhos na ponta dos dedos para os bêbados de nascença.

– Chuque, chuque, Rabote imundo!

– Olá, Pé-de-Cabra, já de olho vermelho, hein?

E tu, Ventania, abade de Trapa, abismo, esponja, e os bêbados, monstros de carnes balofas e olhos veados de sangue, exsudando fedor de cachaça, riam com bocas moles e gosmentas às chocarrices do moço gentil, que com eles se vinha ombrear. E erguendo os copázios atestados de veneno, saudavam-no alacremente.

– Porca miséria!

* * *

A profissão de Valter era desempenhar num clube de *foot-ball* o papel de *full-back*. E desempenhava-o incomparavelmente bem. Possuía um pé de gênio, ao qual sobejava quanto era de escasso lá pelo cérebro e lá pela alma (que não tinha). Possuía-o hábil, lesto, forte, inteligente, vivo, pronto, estratégico, audaz, precioso. Bola que viesse em direitura do *goal* era bola que ricocheteava no peito do pé de Valter, e voltava uivando que nem loba ferida. Era um danado, diziam. Nascera dotado duma intuição agudíssima para o grande esporte inglês, e seus companheiros tinham-no como o elemento indispensável e básico da associação. Valter era positivamente o pé-direito do *Invincible team*.

* * *

No dia em que começa esta novela, um domingo, Valter voltara do campo com mais uma coroa de louro. Não a trazia, como os poetas antigos, na cabeça, pois que a polícia de hoje não permite esse gênero de chapéu em tempos que não os de Momo. Nem tampouco enfiada no braço, como em Dia de Finados as pessoas que se vão aos parentes do cemitério. Figurado retoricamente é que vinha toucado de láureas. Na crua realidade, Valter só trouxera do campo um derreamento completo, um cansaço de boi de canga após um dia de soalheira janeirina. O pé esquerdo destroncara e entroncara de novo, mas doía-lhe horrivelmente. No joelho um raspão de tombo ardia como brasa pilada com pimenta. Ambos os cotovelos, violentamente esfolados, latejavam em agulhadas de dor. Equimoses negras tatuavam-lhe o corpo de bicancas.

III

(ESCÓLIO INDISPENSÁVEL) DA BICANCA

Diz-se no *foot-ball* – bicanca – ao chute promovido com a biqueira do borzeguim, para o distinguir dos seus co-irmãos produzidos com o peito do pé, calcanhar e partes laterais (do pé, não do calcanhar, como faz crer a viciosa redação).

IV

Tornando às equimoses de Valter, estas ardiam-lhe menos no pé que no juízo. Ao estouvado mancebo parecia que a dor era uma pessoa e uma pessoa embirrada, tanto a razão vem de menos em instantes. Por isso, fogoso como era, sem ser corcel, estalou uns tapas em plenas chagas e edemas, o que lhe fez revirar o olho, de dor, e fazer do corpo bodoque.

Só serenou mais tarde, no seu quartinho de hospedaria, com a visita do oficioso Carlos Ivan, entendido em mezinhas, a seu *fidus Achatis*. Por essa ocasião foi que se ferraram na rajada de insultos, do capítulo I, que no fundo eram sem fel, e de mera literatura.

V

Uma mesma amizade pode ter dois motivos; não os temos. – E explica-se o primeiro título.

Se a educação extrema à altura dos espíritos não os afasta, antes os aproxima, segundo a velha verdade. Assim os dois, que eram Deus e o Diabo, procuravam-se, como eletricidade de sinais diferentes.

Porém, se a aparência é uma neste caso, isto é, se há aqui o fato palpável duma recíproca amizade, os motivos desta não são iguais. Ivan adorava Valter, porque este tinha todos os hábitos que fazem a delícia da vida e que levam para o inferno; Valter era o vício encantador, a maldade deliciosa; atraía o casto Ivan como um abismo e que o contempla, ou como a luz, o incesto, ou como o pão atrai a fome. Ivan consolava-se de não ser Valter, vendo-o viver. Quanto a este, amava Carlos Ivan assim como se ama um veio de ouro, ou a fortuna. Ivan encamava-se na efígie de uma moeda, e a amizade do seu amigo vestia o mesmo corpo que a ambição da riqueza. Ivan era o QUEIJO do título, dentro do qual morava o leirão Valter.

Quanto ao outro título de nó-cego, o leitor há de compreendê-lo pelo seguimento natural desta história, história durante tantos anos meditava à sombra dos álamos de Rivalterra, depois que sucederam os acontecimentos que constituem seu tema.

VI

– E a morte trágica?

– Credo, que ânsia! Paciente um pouco, homem; isto não vai a matar. Acaso pensas que por ser de Minas acabará este queijo assim depressa? Engano; há de ir às raçõezinhas, naco a naco. Poderíamos, por exemplo, contar que Valter morreu em consequência da grangrena que lhe sobreveio às feridas estapeadas. Seria, insofismavelmente, uma morte trágica, e mais ainda se lhe apuséssemos uns bicos dramáticos (operação cirúrgica, descuido do médico, clorofórmio em excesso, histórias). Mas com ser inverdade, e denotar criminosa ausência de probidade literária, vinha isso trazer não minguado prejuízo ao futebol, contra ele predispondo o espírito de pais de filhos esportivos. Havia de haver coisas deste naipe:

– Leste, Marocas, a história do tal Valter?

– O do pé? Li; que é que houve?

– Pois grangrenaram-lhe aqueles arranhões e os médicos, que são uns borras, como eu vivo a te dizer...

– Ah, Joca, não diga assim!

– São, Marocas, são; se eu estou dizendo que são é porque são... (Pausa; outro tom.) Mas os médicos operaram-no, e houve por lá um diabo de história de clorofórmios e descuidos – a cantiga de sempre; o caso é que o pobre moço deu berro.

– Coitado!

– Ali a culpa foi dos médicos, mas independente disso, a mim sempre me pareceu que o diabo daquele jogo de bola não deixa lá de ser meio perigoso...

– E como é mesmo que se chama aquilo?

– Futebol.

– Bol? Amode que eu li bal no jornal...

– Mas, mulher, em inglês o A é O.

– Figa rabudo – que língua...

– É, mas não deixa lá de ser meio perigosinho, e o senhor Pedrinho...

VII

BREVE PARÊNTESE

Pedrinho é o filho. Menino levado da carepa. Está no grupo, mas o grupo nunca esteve nele. Leva para a aula o bolso cheio de gafanhotos, para brincar. Grande aptidão para a engenharia e artes gráficas; traz de olho os muros da cidade e aos recém-caiados decora a carvão, pintando diagramas de anatomia humana e vocábulos de mineração aurífera. Entra para casa ao escurecer, vermelho, lavado em suor, a roupa em pandarecos, coberto de pó, derreado, e conta a dona Marocas as proezas que fez, numa gíria inglesa que a pobre senhora não bispa migalha.

Onze anos. Não tem namorada nem outros vícios da idade. Menino de futuro.

VIII

– É, mas não deixa lá de ser meio perigoso o tal jogo, e o senhor Pedrinho...

– Eu também sou da vossa opinião.

– Não diga vossa, mulher, que diabo!

– Vossa é plural. (Pausa; outro tom.) Mas o Pedrinho anda-me que não faz outra coisa. Você não acha que...

IX

EM CONCLUSÃO

Dona Marocas achou, e o Esporte-Clube-Infantil-União-Faz-a-Força perdeu o seu golquíper, que outro não era senão o Pedrinho, como terá o leitor adivinhado, se não for totalmente... como direi?... obtuso.

E o Pedrinho lá vive agora com a vida estragada, a choramingar, embezerrado, sempre de bico. Anda pelos cantos resmungando contra a iníqua proibição. E não tem toneladas de razão?

X

É para evitar dessas e doutras que relegamos a morte trágica para o fim e com outras circunstâncias, pois não é justo que venha sofrer as consequências do nosso desazo um menino que nunca nos fez mal, e nem sequer conhecemos.

Vê-se daqui como foi impertinente a interpelação sobre a tragédia prometida. Deu vasa a um ror de palavras que não vão nem vêm, necessárias, entretanto, dada a abelhudice do interpelado. Vá, homem, e não caia noutra.

XI

Valter, logo que entrou para o seu quarto, atirou-se à cama, que rangeu. E assim esteve mais de hora. Mas como lhe ardessem os dodóis do corpo, estendeu a mão para o lavatório perto e agarrou o primeiro objeto que caiu sob ela. Era uma caixinha de pomada de mercúrio. Valter besuntou os dodóis. Talvez fosse melhor conselho uma fomentação de arnica, ou ictiol. Água de sal também não seria mau. Ou então água boricada, ou fenicada, ou sabão russo, ou opodeldok, ou gelol, ou a dcloricida de Mestre Bento, ou folhas de cidrão piladas...

Pomada de mercúrio é que não cabia ali. Mas Valter não tinha a menor noção de medicina. Coisas que moram dentro de vidros e caixinhas são remédios – era este um dos axiomas de Valter. E no caso tanto esfregou os dedos com mercúrio como o faria com a pasta de lírio florentino se fosse esta que lhe caísse sob a mão quando a estendeu sobre o lavatório, ou com o vidro de odol, se fosse este, ou como boina de tinta, ou com a brilhantina, ou com o sabão, ou com a goma-arábica.

Não tinha senso médico, o nosso Valter.

Mas desse incidente não lhe veio mal, senão bem, pois que Valter adquiriu uma propriedade nova e preciosa. A de conhecer sem erro apreciável o grau das variações atmosféricas e das alturas barométricas, o que lhe foi de suma utilidade para o futuro, como veremos.

XII

A aparência ilude. Falsas ideias que ela nos dá e que devemos evitar, se queremos ser sensatos.

Antes de trançarmos mais os fios desta história, vamos apresentar outros dos seus elementos.

Macário e Longo eram corda e caçamba (de tirar água). Seus prenomes, sobrenomes, cognomes e possíveis agnomes (Freire da Silva), profissão etc., já o leitor os deve calcular se... pesa-me a expressão... se não for hermeticamente burro.

Quem os visse, na tarde de 16 de outubro, na esquina onde morava a terna Mirza, ficaria aterrorizado e, decerto, passaria a mão no apito para alarma e na garrucha para a defesa.

Imaginem Macário topando o Longo ali de pé, e berrando-lhe, com um murro nas costas.

– Infame! *Mauvais sujet!*

Coisa certamente de matar de susto, ou, no mínimo, de dar uma apoplexia que poderia ter fatal desatamento. O inerme, pacatíssimo transeunte, faria do agressor a mais negra ideia.

E se um dia antes visse o Longo no Largo do Rosário a dar com a mão na cabeça, pulando como um cabrito pula, não por alegre, nem triste, mas desvairado de terror? Isso em público, e sob o sol!

– É um louco perigoso – julgaria, quebrando certamente para a rua do Rosário.

XIII

NO ENTANTO...

... tudo era inexato e levianamente julgado. Muito calmos, bonzinhos, ajuizados ambos.

– Mas a dança do Largo?

– Nada mais nem menos – um besouro havia-se introduzido no seu conduto auricular externo, e o pusera, por isso, aos pinchos, de nojo, medo, horror, pavor, delírio! Sentir besouro e espernear, entalado, na cera do seu tubo auditivo! Pua! O leitor faria o mesmo, e nem se julgaria desairosamente por isso.

– E o murro? E o "infame"!?

– Coisas de moços! Era um murro de amizade, um "infame" de querer bem. Não se encontravam há dias, e tudo isso era a expansão da mais sincera amizade, amizade ativa no Macário e no Longo...

XIV

Miséria da palavra! Já se compreende que a deste é "passiva", necessariamente; mas quem escreve tem obrigação de o dizer!

Fradique, Bilac, Yewsky, e todos, falam sobre a tibieza da palavra para a expressão do pensamento; o próprio Camões disse num soneto:

"A língua não alcança o que a alma sente"; e o que dizer sobre este novo defeito, à redundância inevitável ao pleonasmo irretorquível? Dizer "passivo", quando já se sabe que é isso que se vai dizer, é um pleonasmo da palavra com a ideia, espécie nova dum gênero das figuras de sintaxe, que o leitor poderá introduzir numa gramática, dizendo, em nota, que isso vem em "O queijo", para propaganda e justiça.

XV

?-!

Macário era a alma da amizade que havia entre ele e seu companheiro. Impunha-se a este com a maior sugestão. Ofuscava-o.

E Longo? Estimava-o?

A vista que admira uma paisagem o faz por amizade?

E a mariposa que a luz atrai?

E os besouros que cercam os combustores do gás? E o cabo de polícia que gosta do barulho?

Não! Nada disso é amizade. Não se pode assim clamar a penetração dos seres pelas delícias das coisas! Um deslumbra, outro sofre o deslumbramento; de um lado Macário, a paisagem, a luz, o combustor, o barulho; e do outro lado...

Miséria da palavra!

XVI

À esquina da Mirza. Esta à janela, e Macário no passeio com o Longo. Mirza e Macário namoram-se. O namorado sente arrepios magníficos. Num momento os amigos palestram.

Macário: A moça namoradeira é uma comediante.

Em presença do apaixonado não deixa o papel de anjo.

Longo: E aqui o namorado o sabe e não se desilude.

Macário (correspondendo a um olhar): Sei-o em parte. Cada um de nós é a mistura de muitas pessoas dissimilares. Às vezes um dos nossos "eus" crê uma coisa, e os outros não. Minha convicção é parcial.

Longo (pasmo): É admirável! Tens ideias extraordinárias.

Macário (com impertinência, ofendido no seu amor-próprio): Não é totalmente minha a teoria. Voltando ao assunto, há em mim uma pessoa que acha Mirza insignificante, vulgar; há outra que a contempla como uma deusa. Mas, ainda que tivessem todos os meus "eus" pleno conhecimento da verdade, que importa! Conjugar nossos olhos faz-me feliz e basta.

Longo (puxando-lhe o paletó): Ela está te olhando.

Macário (correspondendo): A mulher! É o maior empecilho que se pode encontrar na vida, quando se é um pouco superior.

Longo: É verdade. Sua inteligência nunca nos pode compreender perfeitamente.

Macário: Ela foi criada para um Adão selvagem, para o homem das cavernas, e não para aqueles que se erguem acima da própria civilização, como nós dois.

Longo: Foi criada para os carroceiros, os jornaleiros, os burgueses pançudos, para tudo o que é bestial, insignificante, nulo.

Macário: Um homem superior casar-se é o nadador que amarra uma pedra no pescoço. Se não se afoga, cansa-se muito.

– Lérias! – interrompe Valter de braços com Ivan, cara a cara com os dois amigos que surpreendem.

– Lérias! A mulher é tudo e nada, o perfeito e o rude, porque as há de todas as espécies. A questão é saber escolher.

E por sua vez acrescenta Ivan:

– Ela é a companheira dos nossos dias, a nossa estrela polar, nosso arrimo na desventura, nosso rochedo no naufrágio, o complemento do homem, o caminho do céu.

Valter: Cala-te, tagarela incorrigível! Paz ao assunto, senhores. A terra seja leve ao feminino. Vamos ao Armstrong onde há uma cerveja inolvidável. Pelo caminho, poucas palavras! O silêncio é o apanágio da sabedoria, apesar dos Pachecos.

E, galhofando, malucando pela Fantasia Dourada, entram à casa de bebidas, em cujo frontispício havia uma tabuleta com as seguintes palavras:

XVII

BAR ARMSTRONG

Bebeu-se. Riu-se. Fumou-se. Súbito, um arrepio de terror detém todos os copos no ar, paralisa todos os risos, fazendo imobilizar-se de espanto até a fumaça dos charutos que ficam suspensos, sem acabar de sair das bocas petrificadas...

Uma figura alta, esguia, lívida levantara-se junto a uma mesinha próxima e ia falar...

Ivan, pondo-se de pé como movido por uma mola, dá um grito desvairado e cai sem sentidos.

XVIII

Não era nenhuma abantesma *vieux jeu*, de arcabouço esquelético e túnica alvadia. Hoje não há mais disso. Era um vulto embaciado, como constituído de fumaça alambreada, sem formas definidas.

A cabeça, ou o que no vulto se poderia chamar cabeça, tinha o jeito de um cubo com duas órbitas cor de cinza em cujo fundo dois carvões incandescentes ardiam com o brilho do arco voltaico. Ondulações violáceas escapavam-lhe com um zumbido percuciente. Em torno, contornando-lhe a superfície, percebia-se uma auréola tremeluzida, como essa que se eleva das coisas úmidas em dias de sol ardente.

Macário instintivamente benzeu-se e caiu para baixo da mesa, desmaiado como um corpo morto cai. Longo e Ivan já aí se achavam completamente inanimados; um ricto hediondo de pavor estigmatizado nas faces lívidas. Valter, porém, que desconhecia o pavor, ergueu-se e encarou fixamente o vulto. Um frio de susto perpassou-lhe pela medula. Os músculos, num espasmo impressionante, desenharam-se, tumefatos, sob a pele adquirindo uma imobilidade e rigidez de aço. Dir-se-ia mumificado por uma força misteriosa. Encarou o vulto: olhos postos nos olhos, numa fixidez inquietante. Um duelo travou-se, um duelo sobre-humano, um duelo entre forças desconhecidas; entre essas forças desconhecidas que dão a alma subterrânea da natureza e do homem e cujas manifestações dão origem ao Pavor, à Loucura, ao Medo, à Alucinação, ao Assombro. Os olhos do vulto e os olhos de Valter enclavinharam-se, ambos tocados de um brilho de loucura, dum fulgor que punha arrepios e frêmitos de fogo na epiderme. Imobilizaram-se, estatelados. Eram duas forças antagônicas procurando dominar-se reciprocamente. Era um choque, uma colisão neutralizante.

Que luta! Havia ali todo um mundo. Havia ali desses mistérios que a humanidade vislumbra e teme há milhares de séculos e que denomina flogístico, fluido anímico, avernismo, aura súcuba, mesmerismo, fluido astral, faquirismo, esoterismo, mas que até hoje desconhece.

Havia naqueles olhares brilhos estranhos, centelhas esquírolas dum fulgor indizível, como só os houve outrora quando Lady Macbeth encarava a sombra de Banquo... Havia correntes misteriosas como as que sacudiam Fausto na noite do *sabat*, nas montanhas do Aarz... Havia o cintilar do íris de Althotas... Havia a loucura irradiante de Flamel...

A atmosfera da sala enrijecera, como se o ar engrossasse. Tomou um tom violáceo e cálido. As moléculas de oxigênio crepitavam, faiscando. Ouviam-se voos, ruídos de voos difíceis e pesados, um como rastejar de serpes dentro da lama. Os espelhos trincaram. Sombras absurdas esvoaçavam, descendo, subindo, guinando da direita para a esquerda, como ébrias. Veio, depois, um silêncio, um silêncio horrível, capaz de enlouquecer o espírito mais forte porque era o "silêncio absoluto". E a luta, o duelo dos olhares, continuava...

Ivan foi o primeiro a acordar... Não se espreguiçou, como no *vieux jeu*, não bocejou, não perguntou esquecido "Onde estou? Que é isto?". Despertou apavorado, com a visão nítida do assombro gravada na retina e na memória. Ergueu-se, e vendo caídos os companheiros, sacudiu-os. Levantaram-se todos, a face congestionada pelo pavor, a loucura no olhar... Longo tiritava, os dentes batiam-lhe como se chegara do polo. Macário semelhava um parvo, trazia a boca semi aberta e os olhos arregalados. Olharam-se. Ninguém falava. Não havia palavras. Não havia que dizer.

Súbito notaram a ausência de Valter.

– E Valter?

A sala estava vazia. Valter sumira.

Os três amigos, sem um gesto, sem uma palavra, imagem do espanto e do assombro, caminharam maquinalmente para a porta, os olhos parados, tontos...

XIX

Mirza não é uma criaturinha vulgar. E não é vulgar porque não tem nada de extranatural sobre si; é uma criatura sem arrebiques, humana e natural no quanto possível. Mirza é a mulher mulher, é o animal mulher. É como a leoa é para o leão. Quer isto dizer que é a mulher ideal. Sabe ler o necessário para ler as cartas de Macário, e escrever o necessário para respondê-las. É toda a sua educação. Perguntem-lhe que rios há na Ásia, ou o que é o Sol, ou quantos quintos tem um inteiro, ou como é casa em francês – e Mirza emudecerá.

É pura desses vícios modernos que se chama educação, religião, instrução, etiqueta moral. Mirza é como a roseira que nascesse no meio de um campo adubado e crescesse ao livre sabor da natureza só estimulada pelas injunções do temperamento – livre da tesoura e da vontade do jardineiro. Mirza só sabe uma coisa, e essa melhor que nenhuma outra mulher no mundo: – amar.

E porque sabe amar, e porque ama, tem os sentidos e a inteligência tão aguçados que nem uma outra coisa da vida lhe é desconhecida, e sabe-as da única maneira por que o saber tem valor; sabe como os gênios sabem, sabe por instinto.

Não é normalista, nem toca piano.

Ensinaria, entretanto, à humanidade inteira o verbo amar, e ofuscaria os maiores artistas com a sua música. Canta, mas canta para expressar os sentimentos que a voz não alcança. Não canta romances, nem árias de realejo, Cavalerias, *Vorrei-morires, Vissid'artes...* Traduz a emoção em melodias vocais e é então verdadeiramente única. As melodias vão-se-lhe compondo à tona dos lábios numa suavidade infinita. Não é assim o rouxinol? Canta o rouxinol duas vezes a mesma coisa?

Se Mirza cantasse em público conquistaria o mundo, porém, Mirza não compreende sequer semelhante coisa, semelhante depravação, semelhante prostituição. Mirza é branca, é rosada, é loira, tem um azul úmido nos olhos, um vermelho de pitanga nos lábios, um branco de marfim nos dentes, um macio de veludo na pele, um frescor de madrugada no corpo. E não é Mirza uma madrugada viva?

Tem só 15 anos. Tudo nela desabrocha, passa de botão a flor, desde os seios até aos instintos.

Mirza é profundamente virgem, não no sentido vulgar, mas no de não ter recebido de outrem coisa nenhuma que a modificasse de corpo e alma. É espiritualmente virgem. E virgem assim: olhando para o Sol não vê nele o "astro-rei", como a literatura, nem o "centro do nosso sistema planetário", como a normalista, "nem a fonte de luz e calor", como o sábio – mas pura e simplesmente o Sol. O Sol para Mirza é o Sol, só, sem mais nada. Mirza não vai a um teatro porque para ela o teatro causa mal-estar, o mal-estar que causa o absurdo. Não compreende cenários pintados, nem sentimentos fingidos, nem gestos trágicos de mentira.

Os prazeres de Mirza são olhar o céu, acompanhar o correr moroso das nuvens, seguir o voo das andorinhas, cheirar uma flor, matar uma borboleta, respirar a brisa dos campos...

Mirza é isto: um ser não envenenado pelo veneno da civilização; limpo de pátria, de família, de moral, de religião, de protocolo. Mirza é a mulher em todo o esplendor da sua feminilidade. Mirza é a *femina*.

XX

Depois da formidável blague do Bar Armstrong, que o leitor velhaco já compreendeu, os amigos matavam-se a rir, cada vez que se encontravam. Valter, sobretudo, não os poupava, chamando-lhes maricas, roceiros, mulherzinhas nervosas.

E a hilaridade era imensa quando se lembravam de que supuseram este engolido pelo pseudofantasma, pela assombração – anúncio que provocava uma enorme afluência ao Bar, depois do dia do grande susto, que fora o da estreia da alta novidade flamenga.

XXI

UM DELES

Macário era um homem definitivo. Era a borboleta que já foi lagarta e andou se refundindo no mistério íntimo de um casulo. Para isso passou por crises dolorosas, por oscilações extremas.

Aos 24 anos equilibrou-se uma alma definida no seu organismo completo, na serena altura do homem feito.

Para determinar a cor do seu espírito, a substância decisiva de que era feito, nada mais capaz de o fazer que a sua resposta a Longo, quando este seu Fiel lhe perguntava, à esquina da Mirza, num intervalo de olhares:

– Tencionas casar-te com essa moça, Macário?

– Hei de o desejar sempre.

Macário era isto, o Desejo consciente, que não se quer completar pela Realização. O sentido que ele mais dirigia para a vida, a fim de lhe sugar o Gozo na proporção máxima, não era a vista, nem o olfato, nem outro; era o desejo, se sentido o posso qualificar. Desejava sem fito, para simplesmente saborear o prazer de desejar.

Nascera com uma alma que se revelou enganada de tudo o que é saber e sentir, na idade em que a alma se revela.

Teve todas as ambições que se filiassem àquelas duas tendências. Quis ser erudito, e, então, o que mais o abatia era a irrefragável tristeza de não poder o decurso da vida de um homem repensar e conhecer tudo o que já se pensou e conheceu. Teve períodos febris de descobertas, de invenções, em todos os gêneros.

Leu filosofias; seguiu sucessivamente o catolicismo, o evangelismo, o deísmo, o espiritismo e o panteísmo; e após o místico desprendimento para o céu, subiu para o misticismo literário, para a adoração da arte, que substituíra legitimamente a aspiração da imortalidade na Grande Treva pela aspiração da imortalidade na Terra.

A arte absorveu-o mais que qualquer outra coisa. Então, uns quatro anos adorou, sonhou, escreveu. Durante todas essas fases, fez continuamente fundo de quadro na sua vida o Amor. Amou todos os amores.

Uma série de desilusões, depois de veementes desejos, deram a última demão ao seu espírito, definitivaram-no. Verificou que, em tudo o que tentara e sentira, o desejo era a maior fonte de gozos, e a sua realização, uma amargura. Por isso, resolveu aperfeiçoar-se em desejar, com o maior epicurismo, e nada mais. Parecia Diógenes, quando no pórtico pedia aos atenienses que lhe erigissem uma estátua. Não nos motivos: um era asceta, outro sibarita; Diógenes desejava para calejar a alma no sofrimento; Macário, para gozar o desejo.

Por isso, este sempre olhava um cigarro de delicioso fumo durante meia hora, antes de o fumar, adorava um copo de vinho sem depois levá-lo aos lábios. Uma vez resolveu-se ir à Europa, ao Oriente; então sonhou muito, preparou itinerários, estudou geografia pitoresca e localização histórica, e isso sem um vintém, certo de que não iria, por ser inútil e difícil. Este foi seu período de maior felicidade.

Era um sonhador incansável, de partido tomado.

Amava, sobretudo, as longas excursões por estradas de arrabaldes remotos, seguido pela fidelidade canina de Longo.

Nesses momentos de espairecimento longe da cidade, em que espanejava a sua alma das coisas da civilização, ora se assentava à sombra de uma árvore, desejando ser o passarinho que pousara num galho fino e se balouçava, cantando, na sombra verde da copada; ora à margem dum córrego, desejava ser a folhagem aquática que a correnteza encurva, para ali ouvir constantemente a água a cantar, para banhar-se em cada gota, contando as formiguinhas e os galhinhos secos que descem levados pela água, ora folha que boiava rio abaixo, vogando indefinidamente na "linfa fugitiva", gozando-lhe a frescura e o murmúrio acalentador.

Se olhava um círculo arredondado no céu, queria dar um salto das estrelas e imergir-se, gostosamente, na sua macieza branca; uma longa nuvem, estirada no azul, dava-lhe a ideia de correr de ponta a ponta, para voltar donde partira, e tornar a ir e tornar a voltar; um cirro muito alto e pequeno era a gôndola que o levaria aos últimos céus, onde ele se desviava dos astros visitando todas as constelações. Outras vezes, desejava ser uma locomotiva, ter pulmões de aço, e arrastar, numa indômita disparada, uma fila infinita de vagões pesados.

Agora, mais que tudo, desejava a linda Mirza. Dela só conhecia a voz sonora e franca como um canto de sabiá, e os seus olhos castanhos onde o amor transparecia visível, palpável, e não desconhecia que a família a fazia sofrer por não compreenderem a sua alma desgarrada de um remoto milésimo avô selvático, alma que tinha a pureza ingênita do cristal de rocha, e toda a graça e sedução da espontaneidade.

Amava-a. Planos de futuro nenhuns. Desejaria amá-la indefinidamente. O que viesse interromper o curso das coisas seria o inesperado, a fatalidade inevitável dos efeitos.

XXII

E isso acabou por degenerar em mania, em desejomania, coisa nova e nunca vista. A ciência conhecia já o megalomaníaco, o monômano, o anglômano, o carcamano; Macário deu-lhe a conhecer o desejômano.

Um dia Valter entrou pelo quarto de Macário adentro e topou-o estirado numa cadeira de balanço, com um cigarro apagado na boca, um copo de cerveja intacto ao lado, uma carta recém-entregue na mão e uma brochura amarela ao colo.

– Então? Que é que se faz?

– Faço o que sempre faço – respondeu Macário –, desejo...

– Desejas... Mas desejas quê?

– Desejo fumar este cigarro, beber esta cerveja, ler esta carta de Mirza e folhear este livro.

– E?...

– E não fumo, nem bebo, nem leio, nem folheio, porque fazer isso seria realizar desejos, e realizar um desejo é destruir esse agradável e feliz estado d'alma que é "desejar", pura e simplesmente. Não fumo este cigarro porque perderia, talvez, com isso, a doce ideia, a acariciante ideia que dele estou a fazer; não bebo a cerveja porque seria, talvez, desiludir-me sobre a ótima opinião que meu paladar faz do...

Valter não esperou pelo resto da dissertação, com grande escândalo de Macário que principiou a pensar os seguintes pensamentos: Coitado deste rapaz! Está positivamente arruinado do cérebro... Esta sua maneira de sair é positivamente um ato de doidice... Ora, quem havia de dizer, o Valter acabando em doido! Pobre rapaz...

XXIII

Valter da casa de Macário dirigiu-se ao consultório do doutor Zaratustra, alienista célebre cuja fama os jornais, pelas seções pagas, não cessavam de pregoar.

– Doutor, o Macário está positivamente doido! Venho de sua casa onde o encontrei com um ar desvairado, "desejando...".

O doutor encarou Valter fixamente, perquirindo da sua fisionomia traços de morbidez epilepsoide. Esse médico tinha a ciência tão apurada que num relance d'olhos distinguia uma pessoa sã duma doente – e a tal ponto era penetrante seu olhar que nunca jamais em sua vida clínica deixou de descobrir sintomas alarmantes em quem quer que fosse. Tal qual os criminalistas à Lombroso, que até na mais santa das criaturas descobrem signos evidentes do delinquente nato. Olhou para Valter, combinou o resultado de suas observações instantâneas com as palavras do moço e concluiu de si para si: – parancico, epilepsoide, em primeiro grau; e receitou mentalmente: – banhos de mar, distrações, exercícios violentos e iodureto de potássio. Mas Valter, enquanto o alienista o estudava, foi expondo as circunstâncias em que topou Macário.

– Deseja tudo, doutor, mas não realiza o que deseja, porque, diz ele, o desejo é um prazer...

O doutor, cuja penetrante análise continuava, como nada percebesse do que Valter dizia, matutava lá com suas células: – primeiro grau? não, segundo já; período grave, o paranoico vê seu estado reproduzido em outros; julga-se no uso da razão e atribui a outrem a patologia que lhe vai por dentro; este cabrinha, caso típico.

E Valter, iludido com a atenção com que o doutor o atendia, expôs longamente a história e a vida de Macário, com pormenores pequeninos, e acabou pedindo ao doutor que o fosse examinar para o arrancar a tempo das garras do mal terrível.

Falou com tanto calor, tanta convicção que o doutor foi levado a mudar de juízo e passar para o terceiro período o desarranjo mental que supusera no segundo. Arraigada essa ideia, o doutor ergueu-se e pediu ao moço que o esperasse um momento. Valter esperou-o olhando os quadros que ornavam as paredes, entre os quais sobressaía uma famosa aquarela de Beethoven representando Rembrandt executando em Viena uma das suas sonatas admiráveis. Embevecia-se na contemplação da obra-prima quando vê entrar porta adentro o doutor Zaratustra acompanhado de dois guardas-civis que incivil e peremptoriamente intimaram-no a ir até ao posto. Antônio Valter abriu uma boca enorme, arregalou os olhos, olhou para o doutor, para os esbirros e para a aquarela – e sem saber que pensar.

Autômato mudo, ponto de interrogação vestido de fraque, Valter deixou-se levar até a porta, onde encafuaram-no em um carro fechado, com furinhos por onde entrava o ar.

O doutor, de pé na porta, esfregava as mãos e dizia...

XXIV

Que é mesmo que o doutor dizia? Que ele disse algo ninguém contesta, mas o que disse é coisa que se perdeu. E foi pena, pois que a história da internação de Valter no hospício diminui imenso da sua importância histórica se não conseguirmos restabelecer a frase ótima do doutor.

XXV

Restabelecer essa frase é enigma pior que o Édipo, porque ela não foi dita para ouvidos de gente e sim para os botões do seu colete. Estes ouviram-na e decoraram-na, mas são inexoráveis, tipos genuínos da discrição, e por eles nada poderemos saber.

Resta-nos um outro meio, o da escalada do seu cérebro, por algum dos buracos da caixa craniana.

Vem, leitor pateta, fazê-la comigo, que te levarei pela mão. Eu, Duca, eu, Signore, eu, Maestro. Vês estas fossas nasais, como duas bocas de forno cheias de fios ásperos e entrançados? A da direita é a porta por onde entraremos, onde não há nenhuma palavra de *color oscuro*. Esta encruzilhada é a trompa de Eustáquio. Vês esta saleta que parece um quarto de despejo, com bigorna, martelo etc.? Mas... Sou quase tão burro como tu. Chegando ao seu cérebro, como acharmos seu pensamento atual entre milhões e milhões de células pandas? Sai depressa, que é preferível, por ser mais razoável, entrarmos pelo fio de um seu olhar. Agora que ele olha a escarradeira, escorrega como eu por esse fio, e vem aqui dentro, guiando-te sempre pelo mesmo cordão de Ariadne.

Foi este neuroma, que aqui vês, que lhe ordenou escarrasse. Vês que ela está presa àquela outra, que compreendeu a delícia de uma fumaça de charuto antes do escarro. Antes da fumaça, cá está um pensamento de vaidade de vencedor, de descobridor. Na outra presa a esta, lês o nome de Valter. Continua assim a subir de pensamento a pensamento – mais depressa, anda! – como quem trepa por uma escada.

Se tivéssemos seguido pelo ouvido, era possível que tivéssemos caído no caracol e que por ele nós entrássemos incautamente, ou que estivéssemos há meia hora dando voltas ociosas pelos canais semicirculares, num círculo vicioso infindável.

Pronto! Cá está a frase! Senta-te aí num galho dessa dentrite, que eu vou montar a cavalo neste polo celular, tira a carteira do bolso, dá um cigarro a este teu bom amigo, e fumemos, procurando interpretá-la. Vês aqui este risco? Aquele buraquinho lá? E aquele outro? E esse? E isto? Leia agora...

– Latapoys...

Ali, tu tremes, covarde?! Compreendeste? Desmaias de horror!?!?!?...

XXVI

Lancemos um véu sobre esses reparos e desçamos outra vez à luz do sol.

Valter definhava dia a dia na masmorra onde o deixaram, à falta de lugar no hospício. Taciturno e remoendo coisas espantosas, vinganças formidáveis do doutor, do Macário, da Cidade e da Vida, não cessava de andar, automático como um pêndulo, para lá e para cá.

Emagrecia visivelmente. Já nas suas faces não desabrochavam duas rosas florentes, e nem o seu talhe tinha a elegância flexível e o ondeante de outrora. Sua voz argentina e suave mudara-se num regougo selvagem, como o que faz o Kurus quando conflui com o Araguaia. Rugiam nele vinte tempestades. No seu pensamento a vingança estrondeava como um trovão; dos seus seios que antes arfavam brandamente e cheios de graça, saíram rugidos subterrâneos e profundos. Rosa que se transmuda em serpe, estrela que se desfaz em lama, sua alma puríssima adquiria todas as manchas temerosas do crime.

XXVII

Macário naquele dia não fora feliz. Depois do seu casamento ainda se lembrava dele com horror. Foi uns dois dias depois dos acontecimentos que relatamos. Achava-se à esquina, perto da casa de Mirza, esperando assomasse ela à janela, quando uma mão pesada caiu-lhe no ombro (direito ou esquerdo? – a história não o diz) e uma voz pesada interpelou-o:

– Então! Que pretende o senhor com a minha filha! Diga-me lá as suas intenções.

Era um homem feroz, cara de matador, grossos punhos cabeludos.

Qual é a teoria filosófica que resiste a um homem desses? Macário casou-se, muito apressado, muito interessado, quase correndo.

Foi pena, dizia depois Longo, quando a mulher ia buscar café. Mas a vida é isto. Não há uma ideia que fique de pé com o ímpeto dos acontecimentos caudalosos deste orbe. Para que protestar? A vida é isto.

XXVIII

Macário não foi feliz, apesar das perfeições excepcionais da mulher. Achava-a de uma suprema burrice e soberanamente irritante. Não sabia escrever o suficiente para lhe fazer um rol para a lavadeira; um dia ela perguntou a Ivan, na presença de outras pessoas, se Paris era na Bolívia ou nos Estados Unidos; como não era normalista, não lhe ganhava uns reisinhos amenizadores da vida; escandalizava pela sua extrema ignorância; comia como um animal, gulosamente, sem um pouco de etiqueta; um absurdo, um monstro!

Quanto a amá-lo, lá isso o amava, até demais. Queria eternamente sentar-lhe no colo, o que deixava Macário com o corpo dolorido; interrompia-lhe com beijos banalíssimos uma leitura que talvez lhe fosse proveitosa; nos dias de calor deixava-o suando em bicas, com os seus eternos abraços. Tinha-lhe o mais importuno e desconsiderado amor.

Irritava-o muito a mania que ela tinha de cantar. E tudo o que cantava era inventado por ela, que nunca aprendera música. Tornava-se então intolerável. Era uma *lá-tra-lá-lá-lá-lá* que durava sol nascente e sol poente.

Às vezes ele fugia, desesperado. Era pior. Ao voltar Mirza tinha rugidos de ciúmes, um zelo animal que ia quase até ao suicídio. Ele não podia arredar-se um instante do seu lado, a não ser das duas às quatro, quando ia trabalhar. Ah, não fora essa a mulher a que ele sonhara, mulher que o compreendesse e se fundisse com ele. Não estava ali o superespírito que ele desejava para eterno companheiro do seu, uma mulher inteligente, instruída, bem-educada.

Por isso, eterno estribilho, Longo lhe ouvia a aspiração constante:

– Eu quisera ser livre como antigamente!

XXIX

Quando compreendeu que, dizendo isso, estava a "desejar", deu-se bem com o desejo e foi menos infeliz. No entanto, apesar de toda a sua coerência, era sempre com rancor que se lembrava das suas teorias.

XXX

Ivan era assíduo frequentador da casa de Macário, primeiro para o consolar da falta de Longo, morto "tragicamente" (vide o título desta importante alma) pela explosão de um lampião de petróleo, depois por hábito. Um dia, pelas calendas de maio de 18..., andavam apressados ele, Macário e a mulher, pelo jardim público, quando uma figura embuçada perpasscu pelos três, lançando-lhes um olhar que fuzilava no negror da noite, e que era a única parte do seu rosto que se percebia. Todos sentaram-se, emocionados, revolvidos interiormente por essa vista tétrica.

Quando ela acabou de passar, por instinto começaram a falar no desaparecimento de Valter havia um mês, e comentavam...

Numa volta brusca da aleia que seguiam, como um demônio que salta da treva, de súbito a mesma figura salta-lhes à frente e descobre o rosto...

Um relâmpago iluminou-lhe a face.

– Valter! – berraram Macário e Ivan.

Esquecia-me dizer que isto se passava numa noite de tempestade horrorosa, que abalava céu e terra.

XXXI

Não há motivo para grandes sustos. Não a sombra de Valter, mas o próprio Valter em carne e osso que lhes surgira à frente. Mas como!, pois não estava esse homem internado num manicômio? Essa é boa! Estava, esteve; mas fugiu!

XXXII

EM QUE APARECE A PRIMEIRA MORTE TRÁGICA

Ivan era assíduo frequentador de Macário. Não o largava. Jantava com ele, almoçava com ele, passeava com ele, prestava-lhe serviços etc. etc. Uma sarna. Assumiu as funções do seu "melhor amigo". Ah!, os "melhores amigos!". Corramos uma cortina sobre os três meses que durou esta grande amizade e passemos ao dia fatal em que Macário descobriu um maço de bilhetinhos amorosos onde Mirza chamava Ivan de seu "anjo idolatrado" e Ivan dizia que "vê-la e amá-la foi obra dum só momento".

Macário ficou lívido, ante a tremenda descoberta. As mãos tremiam-lhe; os olhos esbugalhavam-se. Arrepelou os cabelos e das profundas da garganta um rugido rouco surgiu:

– Maldição!

Correu em seguida ao escritório, tomou o revólver duma gaveta e avançou, como um louco, para o quarto de Mirza. Esta, calma e feliz, escrevia. Ao pressentir Macário, escondeu um papel. Macário arrancou-o das mãos. Era um novo bilhete a Ivan.

– Que é isto, monstro de ingratidão? – rugiu o pobre marido.

Mirza gaguejou, lívida, e começou a desmaiar.

– Não, mulher infame, não desmaies ainda, temos contas a regular.

Mirza adiou o faniquito e enchendo-se de coragem caminhou para Macário gritando:

– Mata-me, algoz, mata-me duma vez! – e rompendo a gola do corpete ofereceu o peito nu às balas vingadoras. Macário ergueu o revólver e apontou.

– Tens três minutos para encomendar tua alma, mulher infame!

– Guarda-os para ti, carrasco; mata-me, mata-me já!, miserável!

Macário, impaciente e delirante, puxou o gatilho. O revólver fez toque e negou fogo; puxou outra vez, e outra, e outra, ao todo cinco, e cinco vezes o revólver negou fogo. Macário coçou a cabeça sem saber que fazer.

– Diabo! E agora? – murmurou.

Mirza riu-se, a cínica!

– Ah!, tu te ris, monstro? Pois espera!...

E saiu a buscar uma faca, uma faca de ponta. Procurou no escritório, nas gavetas, na canastra, na cozinha, no quarto dos criados, nos armários, no guarda-roupa, na *étagère*, no criado-mudo, embaixo da cama, no baú; nada, nada!

Coçou a cabeça de novo e murmurou desconsolado:

– Diabo! E agora?

Nisto batem à porta, Macário abre. Era Ivan.

XXXIII

– Infame! Réptil nojento! Atreve-te ainda a pisar em minha casa, nesta casa que desonraste?

– Oh, Macário! Que é isso? Que loucura é essa? Estás bêbado?

– Miserável! E insultas-me inda por cima! Ai, que se não é meu revólver negar fogo...

– Mas que é que há? Explica-te; não sei de nada... Venho entrando e recebes-me com uma rajada... Vamos, que há? Desembucha...

– Mirza!...

– Mirza, tua mulher... que mais?

– Mirza! Não tremes; não te confundes ao só pronunciar deste nome fatídico?

– Não; por quê?

– Mirza... Mirza é tua amante!

– É; e depois? Que mais?

Macário estufa, estufa; fica rebenta-não-rebenta de cólera. Treme como vara seca. Gagueja, baba e espumeja.

– Com que então Mirza...

– Mirza é nossa, tua e minha.

Macário rebenta de apoplexia fulminante; cai redondamente no assoalho com um ruído surdo; *puah!*. Estrebucha, espumeja sangue, e morre “tragicamente”.

XXXIV

Enterraram Macário. O seu túmulo era para Mirza o berço de uma grande felicidade. Finalmente Ivan cumpriria a sua promessa, casando-se com ela.

Mas ah!, infeliz senhora!, mártir do amor!, que te estava reservado! Pois aquele Ivan, aquele mesmo que te jurava a pés juntos um amor eterno, recusava receber-te como esposa!

Depois que te viu livre, o infame acolhia sempre as tuas palavras com uma risadinha satânica, onde havia um cinismo sublimado.

Pois que!, ele não era tão bigote! Que fim levara a sua antiga santimônia? Ah, o que ele era, era um grande hipócrita, um homem que se vestia de gravidade da religião, assim como um bandido se veste duma capa negra, quando vai matar!

Mirza, as lágrimas de arrependimento e de amor que tu choraste, muitas vezes recebeu-as a noite no seu manto negro. As tuas esperanças, as tuas amigas, os teus solilóquios, as ilusões, as horas, tudo o que te cercava, tiveram uma palavra de consolação para ti. Só Ivan, o monstro, aquele abismo de perfídia, ria-te no rosto, derrocando os teus castelos, quando lhe pedias uma lágrima, ou uma esperança! Repudiou-te, esqueceu-te, assim como o viandante esquece a fonte que lhe matou a sede, a fronde que o abrigou da calma. Isto é, nem todos, mas alguns viandantes têm a coragem de fazer isso!

XXXV

Um dia, uma esperança robusta como um germe sadio deparou-se-lhe. Foi a sua criada que lha proporcionou, a Rita, que com ela vivia naquela casa que a família lhe dera, apesar de Mirza já ter dito que preferia morar sozinha.

Rita, confidente da moça, disse-lhe num dia:

– Por que a senhora não vai ver o Feiticeiro?

O Feiticeiro era uma entidade misteriosa que surgira, havia pouco tempo, naquela cidade, e andava operando milagres negros, prodígios estupendos e maldades incríveis. Era temido até pela polícia, que o deixava em paz. Sua casa tinha tanta frequência como o gabinete do presidente da República, ou o centésimo quarto dum hotel. Era de uma originalidade enorme o tal sujeito, de quem ninguém sabia o nome e de quem só se sabia, por intermédio da lavadeira, que marcava a roupa com um V. Vestia sempre com uma simplicidade grande, e só comia coisas como lagartixas, minhocas, lesmas, besouros... Tinha uma grande predileção pelos gatos e galos de cor negra. Morava só, mas, no entanto, era uma açougada na sua vivenda quando a meia-noite batia, que ninguém podia dormir. A essa hora a sua casa iluminava-se toda numa apoplexia de luz; um ou outro raio que se escapasse por uma frincha ia lançar clarões nas nuvens, ou projetar-se, daí a vinte léguas, na lombada da Mantiqueira. Então tripudiavam no assoalho mais de mil pés, mais de mil bocas berravam uma aravia desconhecida, uma espécie de língua de turco misturada com engasgo de gato. Quando o galo negro do seu quintal cantava, à uma hora, então tudo, num relâmpago, era engolido pelo silêncio e pela escuridão, com um estrondo de abalar um globo...

Mirza ficara seduzida pela narração da Rita.

– Que devo fazer? – perguntou.

– Dê uma madeixa do cabelo do coronel Ivan ao Feiticeiro...

– Mas... – hesitou – como obtê-la?

– Deixe por minha conta. Mora no porão da casa do senhor Ivan um tocador de viola, magro, sarnento, cara de corte de machado, um nariz enorme como um bico de tucano, que é empregado da casa. Por meio dele posso arranjar a mecha de cabelos necessária.

Rita falara com tanta despiedade do sarnento Fiofó para não dar a perceber que o amava. Era o seu rabichinho, e ingrato, porque desdenhava as suas graças. Se ela não ia ao Feiticeiro, era de pique. Embirrara que ele havia de amá-la sem artimanhas.

No mesmo dia fez a encomenda. Fiofó acedeu ao pedido, com a promessa de 6 *sous* de recompensa. Disse que no dia seguinte, às duas horas, poderia ir procurar os cabelos, porque a essa hora Ivan não estaria em casa.

XXXVI

No dia seguinte, às duas horas, quem passasse pela rua Santo Honorato veria uma mulher embuçada num bioco de inverno, dois véus sobre o rosto, absolutamente vestida de negro, passar pela casa do Ivan. E o mesmo espectador ficaria admirado vendo daí a instantes, depois de apertar o botão da campainha elétrica, a mesma senhora conferenciando com uma criatura raquítica, afilada, nojosa, seca como bacalhau embarricado; por fim o pasmo seu chegaria ao auge, vendo aquela senhora permutar 1 luís de ouro por um pequeno embrulho quase imperceptível...

XXXVII

Quem seguisse os passos da mesma senhora a veria entrando mais adiante num fiacre; e, se esse espectador fosse curioso a ponto de mandar seguir esse fiacre, o veria mais além parar em frente a uma alfurja negra, pela qual um veículo não poderia transitar. Numa das casas dessa alfurja havia uma tabuleta com uma caveira e dois ossos pintados com uma tinta cor de cadáver, sobre um fundo negro. Ao lado dessa pintura sinistra nada mais, a não ser o mesmo V enigmático que a lavadeira descobrira marcando as roupas do Feiticeiro.

Mal bateu Mirza (essa senhora era Mirza) palmas, uma voz que parecia vir ao mesmo tempo do céu, do inferno e de todos os lados, fez-se ouvir:

– Se queres alterar o teu destino e desfazer a obra de Deus pela Força Maldita, fecha os olhos até nova ordem, sob pena de cegueira.

Mirza aterrada, mas resolvida, fechou bem um dos olhos.

No mesmo instante sentiu que o solo, subitamente perdendo a sua estabilidade, fugia carregando-a, com a velocidade de milhares de léguas por segundo.

XXXVIII

Remontemo-nos à véspera destes fatos, para melhor entendimento do que se vai seguir.

Quem chega à casa de Ivan vê logo à entrada três portas. Uma evidentemente leva à sala de jantar; a da direita tem o letreiro – Escritório –, e a da esquerda nada tem que possa indicar o seu destino.

Esta porta dava para o porão, onde residia o repelente Fiofó.

Este, depois da visita da Rita, deixava-se ficar parafusando muitas coisas:

Uma delas:

– Esta sujeita, terá dinheiro? Quem sabe se está aí um bom casamento para mim!

Outra:

– O senhor Ivan já terá chegado para eu lhe engraxar as botinas?

Outra:

– Onde diabo arranjarei cabelos do patrão para amanhã às duas horas trocar pelos meus sagrados vinténs?

No dia seguinte cedo esses três pensamentos já não eram os mesmos. Já a Rita achava mais graça diante dos seus olhos cheios de sapiroca, já as botinas estavam lustrosas, quanto a arranjar cabelos do patrão era escusado: daria um poucochito do seu; era só lhes catar o que houvesse, lavá-los em água quente e... quem iria diferençá-los dos do coronel Ivan?

(*Minarete*, 11 e 18 de outubro e 1º, 8 , 15, 22 e 29 de novembro de 1906 e 4 de janeiro de 1907)

Estas páginas foram escritas num período decisivo da vida de Monteiro Lobato. Ele descobrira Nietzsche e suas inquietações filosóficas encontraram um paradeiro. O filósofo alemão dera-lhe a fórmula certa, ou pelo menos aquela que melhor condizia com o seu temperamento. Esteado em Nietzsche, firmado no princípio do Vade Mecum, Vade Tecum, *passou Lobato o ano de 1907 em luta contra o meio. Recém-formado, fora residir em Taubaté, onde sente-se como que exilado. Acabara de sair da libérrima vida estudantina de São Paulo, e aquilo parecia-lhe sonolenta aldeia. É muito lúcido para não perceber desde logo que a "liberdade" desfrutada na capital está ameaçada. Tramam, como diz, o seu "achatamento", com a anulação lenta, mas firme e sistemática, de uma personalidade que se forjara tendo como base, altar e cúpula o mais exaltado individualismo. Ele pressente que o querem arredondar como um pedregulho, lixando-lhe todas as arestas – as nossas queridas arestas –, como escreve a Rangel, até que, feito à imagem e semelhança dos demais cidadãos de bem, passasse a Irmão do Santíssimo, a papa-missa, a papa-defunto, a papa-sermão, terminando por se tornar freguês da ximbica no fundo da farmácia. Ora, ninguém, já nessa época, menos convencional, menos "toda-a-gente", menos maria-vai-com-as-outras do que Monteiro Lobato, que já encontrara nas suas especulações filosóficas a "verdade" há muito procurada:* Vade Mecum, Vade Tecum...

Filosofias...

I

Pedindo vênia para os ladridos ditongais, eu diria, se me mandassem definir a civilização, que é a acentuação crescente da dualidade humana. E para quem tal definir fosse charada, explicaria: um homem é o que é, e é o que o obrigam a ser morais, religiões, usos, etiquetas, conveniências, tradições: – outros tantos torniquetes de lhe falsificar a natureza abitolando-a por um mesmo tipo.

O que age de encontro aos preceitos de moral é o imoral; o que escapa à tirania das religiões é o ímpio; o que reage contra a caolhice dum costume é o excêntrico; o que apisoa o protocolo é o malcriado; o que arrosta as conveniências é o boêmio; o que infringe a letra do código é o delinquente; o que não rasga sedas à tradição é o biltre.

A parvoíce humana inventa um labéu para cada díscolo. Destruir a personalidade humana é o seu ideal, e reduzindo a humanidade a um conglomerado homogêneo, cada ser pensando e agindo do mesmo modo e ao mesmo tempo que o vizinho do lado. E como é ela a Senhora Soberana, governadora dos povos pela dinastia hereditária dos seus procônsules, o Direito, a Moral, a Religião, e pela chibata dos seus centuriões, a Praxe, o "Deve-se", o "Falam", o "É preciso", o "Não é sério", o "Não se usa" – ai do que nascer com asas, ai de quem der outras formas ao seu pensar e ao seu viver que não as consagradas!

Acha Voltaire ridículo o Deus imposto e ri-se dele – anátemas chovem sobre Voltaire. Nietzsche escalpela, pondo a nu a inanidade da moral oficial – amarram-no ao pelourinho da loucura.

Existe sempre à mão uma fogueira, um calabouço, um açaimo, uma infâmia, um pelourinho, um júri, um desprezo, uma sentença, um libelo, para reduzir a criatura humana ao molde preestabelecido.

E um sapato chinês existe para deformar a personalidade nascente – a educação, que Nietzsche, com a sua visão de águia, definiu o meio de arruinar a exceção em proveito da regra.

Não obstante, se é violenta a compreensão, não menos vivaz é a reação da vítima, que escapa sob mil formas de sob a pata opressora. E a falange combativa dos revoltados é sempre luzida e copiosa.

E os Poes, os Mussets, as Sands, os Rabelais, os Maquiavéis, os Ravachoes, os Perowskaias, os Górkis deixam sempre intérmina coorte de continuadores.

Que desinteressante não seria o mundo se despido dos grandes loucos, dos grandes transviados, dos grandes boêmios! Tudo quanto temos de pitoresco e interessante, e curioso e original, é vindo da legião dos réprobos. A arte outra coisa não faz senão apoteosá-los no romance, no poema, no teatro, na música. E se em vez dum herói desta categoria a arte expõe à ribalta da consagração um do tipo oposto, que desastre grotesco.

Que interesse desperta um romance que estuda os tipos da Excelsa Dama idealizados do homem de bom senso, do bom marido, do bom cidadão, do bom filho, do bom rei? E, no entanto, o que toma por herói os antípodas do bem oficial, eternizam-se na memória dos homens nimbados de um halo de simpatia.

Dom João, Cleópatra, Safo, Helena, Falstaff, Lovelace, Margarida Gauthier, Dom Quixote, Werther, Brand, Hernani, Giles de Rais, Buckingham, Manon, o filho pródigo, são tipos imorredouros, empolgantes, de individualidade enérgica. Opõe-se-lhes a carneirada obscura cujos nomes a memória recusa guardar, os inofensivos, os pacatos, os ordeiros, os sensatos, os incolores, insípidos, os que pautam o viver pelas normas prefixadas.

Falham as tentativas de consagrar pela auréola da arte o tipo do amor medido, podado, pesado, bem condicionado, com o visto do papai, da mamãe, do padre, do tabelião; mas para cantar o amor livre, o amor exuberante e cego a tudo quanto não seja ele próprio, o amor de Julieta e Romeu, há sempre um William Shakespeare.

O retrato pela arte de um cidadão ordeiro dá o Conselheiro Acácio; o do seu antípoda produz Don Juan e seduz o gênio de Molière e Mozart. Luís XIV é ainda o Rei Sol! – de Luís IX, quem se recorda!

II

O direito a distância semelha um bloco de justiça como a montanha semelha um bloco de azul. E é isso a justiça: um azul de montanha. À medida que nos aproximamos esse azul se esvai. A nitidez e a harmonia desfazem-se num turbilhão caótico de detalhes grosseiros.

A beleza do Direito transfunde-se no cipoal entrançado do formalismo. E ao que nele penetrou espanta somente encontrar fórmulas, só ouvir fórmulas, só conseguir fórmulas – tudo amarelo, cor de ouro, e nada, nada azul, a cor da justiça. O azul, a justiça, a harmonia, a equidade – puras ilusões da óptica humana...

Velhíssimas umas, vindas da Roma imperial, vindas da Idade Média; outras mais novas, nascidas no solo pátrio; mas só isso: fórmulas e fórmulas.

O bom juiz é o que não abstrai de nenhuma delas. E Magnaud é um louco.

Tenho meu Eu bipartido. Ele mora no azul, libérrimo como as andorinhas, isolado, desconhecido de todos, sem irmão, sem Senhor. O outro, coitado, mora na cidade da Fórmula, escravo assoldado às necessidades prosaicas da vida. Que nítido exemplo da dualidade humana!

Quando o escravo vai à labuta, o outro libra-se às alturas, enojado. À noite, nesse momento calmo em que o isolamento e o silêncio nos integram, os dois irmãos se encontram e confabulam ou filosofam.

Há poucos dias, o escravo tornou do leito cansado e contou ao irmão um punhado de coisas pitorescas.

Eram dois meninos, um branco e um preto, levados à presença do aparelho pesado da Fórmula por determinação da Fórmula codificada, sob o número 330 no Livro dos Crimes.

O branco aparecera vendendo uns tantos pedacinhos de metal amarelo que os homens fincam na gravata, ou, se são redondos, enfiam no dedo; e preso, interrogado, confessara haver tirado duma casa sem dono por instigação do preto. "A casa estava vazia, o dono partira para São Paulo, não voltava mais, tiraram aquelas coisas para aproveitá-las."

O preto negava com firmeza:

– Não sei de nada, não tirei nada, vivo com a barriga cheia, não preciso roubar.

O branco ingênuo espantava-se àquela negação:

– Pois se até você foi abrir uma gaveta e puxou demais e ela caiu...

– Não sei de nada, não tirei nada, vivo com a barriga cheia, não preciso furtar.

E não saiu daí; qualquer que fosse a pergunta do juiz, a resposta não variava.

O branco ingênuo, de olhos arregalados, pormenorizava: eu tirei isto e isto, ele tirou o resto, depois me mandou vender para repartirmos o dinheiro. O preto, porém, não cedia uma linha.

Vêm as testemunhas, pessoas que compraram os objetos furtados. Todas nada sabiam do preto, só depunham contra o branco.

Veio o pai deste, um cego que ele guia pelas ruas às esmolas.

Era um velho de luzes, usando no falar de termos escolhidos; contou que o filho era meio demente, perdia o "sentido" às vezes e dava com a cabeça pelas paredes. Perguntado se o menino bebia, respondeu:

– Bebe quando pode.

– E o senhor também?

– Também, senhor doutor – respondeu prazenteiro –, sou devoto do Deus Baco.

Cego que tal disseste! O juiz prorrompeu em severas recriminações e o ameaçou de enxovia caso continuasse a desrespeitar o tribunal. Ser devoto, ali, de outro Deus que não a Deusa Fórmula!

Infame! O velho retorquiu que não houvera intenção de menoscabar a "Justiça", que era uma expressão figurada que lera quando tinha vista, numa poesia de...

– Basta!

Citar uma poesia diante da lei! Falar em Baco diante de Têmis! Que negro horror!

A atmosfera enubla-se. Desenham-se rugas coléricas nas frontes jurídicas: Têmis carregava os sobrolhos, zangada.

Mas o realejo do depoimento testemunhal retoma o seu nhém-nhém.

O escriba enche linhas e linhas de – e foi dito que – reperguntado respondeu – juramentado na forma da lei – e como nada mais foi dito.

Um bode irreverente que pastava na rua dá um berro amoroso. O berro repercute pela sala. Têmis estremece. Não lhe bastava Baco, surge também Fauno. Maldita Hélade!

É chamada, porém, a mãe do menino.

– Que idade tem?

– Não sei, "seu" doutor, quem pode saber é meu pai. Homem, nem ele mesmo, nem ele sabe, nem mesmo ele sabe! Homem, nem ele.

– Não sabe a idade! Mas diga, já fez 29 anos?

– Acho que não, "seu" doutor, acho que não. Só meu pai, homem, nem ele, nem ele.

– Basta! Basta! E o que a senhora sabe a respeito do furto do seu filho?

A mulher respondeu com uma lisura soberba, sem vacilar:

– Nada, nada, nada! Não sei nada, não ouvi falar nada, nada, "seu" doutor.

– E nem sabe por que ele está aqui neste momento processado?

– Não sei! Não sei nada, nada, nada, "seu" doutor.

E tudo isto acompanhado de muitos gestos pontiagudos e com uma expressão de inocência e ignorância completas.

Veio outra, mas enquanto depunha, um canário pousou na janela, bicando a vidraça para entrar, *teque, teque, teque*. Todo mundo voltou-se. O oficial de justiça, num grito d'alma ingênuo, dirigiu a palavra ao juiz, apontando o bichinho.

– Um canário querendo entrar!

O escriba interrompeu um – e foi dito que: –; a testemunha embrulhou-se.

Têmis mordeu os lábios. O canarinho continuava *teque, teque, teque*. Má, raios! Vindo o depoimento e lido aos réus, foi-lhes perguntado se estava verdadeiro.

– Eu não ouvi – responde o menino branco –, estava distraído vendo o canarinho dar bicadas na janela...

Forçado a rir-se, Têmis riu-se, com um riso cor do canário, e com ele todo mundo. Este porém riu com o sumo prazer que nos proporciona uma nota humana no meio dum deserto híspido.

E durante todo esse tempo o reuzinho preto cabeceava de sono, não obstante as ameaças do juiz.

Cabeceava, os olhos lentamente se iam cerrando, as pálpebras pesadonas – maçado com aquela maçada.

Era impossível continuar. Depois de Baco, Fauno; depois de Fauno, Morfeu. Decididamente, a mitologia pagã voltava-se inteira contra a pobre Têmis. Era melhor liquidar aquilo depressa.

E correu depressa o resto da seringação.

HÉLIO BRUMA
(Minarete, junho de 1907)

Tanto “Em *casa de Fídias” como “Duas dançarinas”, com que encerramos este livro de* Monteiro Lobato, *já apareceram em livro. Foram incluídas pelo autor na primeira edição de* Cidades mortas, *publicada em* 1919, *e retiradas dessa obra nas edições posteriores. Estavam realmente deslocadas desse belo livro, mas cabem perfeitamente nesta* Literatura do Minarete, *tanto pelo espírito como pela forma. Ambas traem o jovem escritor, ainda sob o impacto da leitura de dezenas de obras percorridas atabalhoadamente. O tê-las incluído em* Cidades mortas *foi um erro de que o autor logo se deu conta. Elas pertencem ao ciclo do* Minarete. E *revivê-las agora nos parece o que de melhor se poderia desejar como fecho deste volume.*

Em casa de Fídias

– Por Afrodite! Aí está uma façanha tão difícil como um trabalho de Hércules por mãos de um Tersito. Duvido que o consigas.

Isto dizia Fídias escolhendo um cinzel dentre os cinzéis, que em caixa de ébano um efebo lhe apresentava, e o dizia à mulher mais bela da época, à jônia formosíssima que naquele momento pousava para a figura de Nêmesis, no baixo-relevo de Helena e Leda.

No grande relógio de sol a sombra do indicador marcara já o meio daquele dia de esplendores, todo azul e faiscações luminosas sobre a cândida florescência do mirtal copioso que aureolava de verde a branca vivenda do escultor, perfumando-a suavemente. Da alpendrada, onde Fídias trabalhava nos dias em que Aspásia era o modelo, a vista alcançava uma paisagem serena de horizontes calmos ao fundo e um derramado bando de filazinhas alvas que desciam, crescendo, pelos declives da Acrópole, até se fundirem nas magníficas vivendas de mármore circunjacentes à Ágora. E à esquerda do Júpiter Olímpico, quebrando a monocromia cegante, como um papagaio em meio dum bando de fuinhas brancas, avultava a mancha verde-escura do plácido retiro onde Tolmida se acolheu após o insucesso do seu amor perante o coração de Aspásia. (Este ambicionado coração era já todo de Péricles, se bem que inda às ocultas, na penumbra de timidez que envolve um amor nascente.) Uma porta aberta junto à alpendrada deixava entrever a grande oficina – um caos de alvuras imortais, alvuras de gênio àquela hora obumbradas pela meia-sombra do aposento; e ali fora, bem batida de luz, também se via uma, repousando num soclo empoado de esquírolas: pedra magnífica, tirada das carreiras do Pentélico, sem um veio a lhe macular a nívea candidez e na qual um escopro firme já esboçara a atitude de três figuras que o tempo imortalizaria. Ao lado desse bloco, sentada numa espécie de grabato, a grega famosa inclinava o corpo em lânguida postura, a cabeça apoiada no fuste da coluna, e os olhos de deusa pousados na figura do artista, que sorria, prestes a re-encetar o cinzelamento do rosto da Nêmesis. O peplo nitente caía em pregas moles, escondendo a meio o seu corpo tão belo que por ele se modelavam as estátuas de Afrodite, e tão famoso que de Mileto a Elêusis não havia lábio heleno que, ao evocá-lo, se não crispasse na ânsia de um beijo.

– Vai agora a minha Afrodite – disse Fídias – pensar um pensamento amável, para me reter nos lábios um ar leve de felicidade calma. Assim!

Aspásia evocara, talvez, a figura do homem amado, porque o artista a viu cerrar lentamente as pálpebras enquanto lhe descia a pousar nos lábios uma como luminosa borboleta de graça – o ricto sutil das calmas felicidades.

Fídias embebeu nela um olhar demorado e quente, menos de artista, talvez, que de amante. Depois, sacudindo a cabeça poderosa, como a espantar a mosca de um pensamento triste, suspirou, e volvendo à pedra, mordeu-a com o cinzel.

Esquírolas gizaram de branco o ar sossegado, e o ritmo do macete se fez ouvir, cadenciado e firme. Caiu na alpendrada um silêncio de sombra adormecida. Fora, o mormaço parado, com andorinhas riscando curvas no azul, punha irisações na aresta das coisas.

A vida ambiente concentrara-se toda no ofego leve do seio de Aspásia e no fulgor vivíssimo dos olhos de Fídias. Tudo o mais, parado e morno. Era o momento do *fiat* – instante supremo em que uma aura de vida transfiltra-se à pedra e vem construir uma alma debaixo de sua fria mudez. Cada golpe embute-lhe um átomo de vida. Fídias criava. Êmulo de Jove era, naquele momento, deus.

A face da Nêmesis ia surgindo da pedra bruta em relevo claro, e da ponta do cinzel, que sobre ela dançava um minueto, um fio de vitalização defluía, ajeitando-se numa expressão magnífica de graça. Na comissura dos lábios o cinzel mordeu o mármore com vivacidade nervosa e parou. Estava quebrado o encanto. Fídias volvia a ser homem. Riu-se.

Após um momento de êxtase, no qual amorosamente contemplou sua obra, atirou com o cinzel para a caixa e retomou o assunto da vida.

Falavam de Sócrates, que concebera violenta paixão pelo famoso pupilo de Péricles, Alcibíades, do qual Aspásia prometera ao filósofo vencer a desdenhosa insensibilidade.

– No íntimo eu os aborreço todos, a essas feias máquinas de argumentar. Repele-os o meu temperamento. Quero a Forma, a Eurritmia, a Serenidade da Beleza pura e na Sofística só vejo maranhas e dissonâncias. Detesto Sócrates.

Aspásia, sem descerrar os olhos, sofismou:

– A beleza moral não é também uma forma da Harmonia? Só o concreto é possível de ritmo?

– Bravos! – exclamou Fídias, zombeteiramente. – Quando a nova Targélia nos abre um curso de filosofia?

Aspásia descerrou os olhos e riu-se, cristalinamente, enquanto Fídias prosseguia, volvendo ao assunto:

– Alcibíades, um Apolo adolescente, poderá amar um sátiro como o tal inovador? Tem harmonias recônditas, dizes, mas que importa se não traduz instantaneamente num soberbo equilíbrio de plástica? Não, Aspásia; apesar de conhecer a força da felonia feminina, duvido que consigas vencer a repugnância dessa esplêndida criança.

– Verás. Juro-te por Afrodite que o pupilo de Péricles cairá nos braços do meu filósofo! – afirmou com ar felino a pagã maravilhosa.

Houve um silêncio. Fídias retomou o cinzel e voltou à pedra. Seus olhos iam do mármore à carne e da carne ao mármore, roubando as formas de Aspásia para fixá-las no calcário. A grega semicerrou de novo os olhos; parecia dormir, sempre com a mesma expressão de amor e vaidade saciada a desabrochar nos lábios em ricto sutil.

Nesse momento ergueu-se da praça um rumor de passos. Aspásia, desperta, volveu para baixo um olhar de pressentimento. Um grupo de arcontes seguiu em direção à Ágora. Passavam lentamente. Súbito, o rosto de Aspásia fulgurou, e de sua boca escapou um nome pronunciado com tal doçura que foi para Fídias uma ducha de gelo: – Péricles!...

– Péricles! – murmurou também entre os dentes, com voz rancorosa o artista, atirando para o grupo um olhar de vencido.

Péricles passava, no meio dos arcontes, esplendidamente belo na sua clâmide alva, caída em pregas perfeitas de correção e elegância.

Passava e, ao defrontar a vivenda do escultor, ergueu os olhos. Aspásia mandou-lhes ao encontro os seus... Trocaram, num relâmpago, poemas de amor.

E seguiu. A pagã irradiava. Saltou do grabato e espreguiçou-se felinamente, risonha, a rever pelo corpo inteiro uma aleluia d'alma. Fídias deixou cair o cinzel e correu a mão pela testa. Viu-a ajeitar o cabelo; viu-a consertar o peplo. E viu-a partir com a alma cheia do outro, deixando após si um vazio imenso...

Lançou um derradeiro olhar à Nêmesis e sumiu-se pela oficina adentro, de cabeça baixa, sombrio e torvo.

Porque também a amava...

Hélio Bruma

(*Minarete*, 12 de maio de 1904)

Duas dançarinas

Felyne Verbist

A orquestra preludia a *Morte do cisne* de Saint-Saëns. Felyne entrava. É um cisne à tona dum lago. A formosa cabeça ereta sublinha a atitude senhoril da ave simbólica do orgulho e da alvura; o formoso corpo, esguio e esvasado como ânfora, da criatura em cujo berço as fadas boas se debruçaram para sorrir, levita-se do solo, neutraliza num milagre de leveza a força da gravidade. Um ponto o liga à terra: a ponta do pé. É um pairar, quase, de silfo.

Seus braços ondulam... E esses braços que ondulam dizem a água arrepiada aos beijos da aragem. Dizem a palpitação da ave de Bruges em silencioso flanar sobre o espelho líquido do canal adormecido – tela onde as velhas casas da cidade morta estampam sombras mortas. Todo o seu corpo estua em ritmos calmos descritivos da impassibilidade apolínea da ave de Leda.

Na orquestra exsolvem-se os violinos em sons harpejados pelo gênio sutil de Saint-Saëns. E os sons se casam aos gestos da dançarina. E os gestos, enleados na teia impalpável dos sons, compõem uma harmonia nova na qual o sonho de Pigmalião se realiza.

Aqueles gestos, aquele ondular de braços, aquele meneio eurrítmico de mãos, a expressão do rosto, o poema dos olhos, a vibração estuante de todo o corpo – tesouro de atitudes que, todas, Rodin copiaria, como Praxíteles as copiava às irmãs helenas de Felyne para esculpir em mármore uma teoria de bacantes – sucedem-se encadeados numa transição sinfônica que é música transfeita em escultura, porque é todo o museu dos mármores helênicos ondeando em vida ao *Parla!* dum Michelângelo da Xerazade.

Felyne estiliza o boiar do cisne na água mansa com os requintes duma arte florejada ao calor de dezenove séculos de civilização e que se quinta-essencia com grânulos de ciência oriunda na observação pessoal minuciosa, à moda de Henri Fabre.

É ave e é mulher. É a ave de Leda e é Felyne Verbist – floração wallônica vergonteada de enxerto em galho flamengo.

A Bélgica tem a alma perturbadora das amálgamas. Fundem-se nela Germânia e Gália. As duas rivais, ora esvaídas em sangue e cegas de ódio, não percebem já realizada na terra de Alberto, por arte do amor, a solução étnica do antagonismo absurdo.

Felyne Verbist exemplifica as sobre-excelências da solução.

Um a um os seus gestos, revivendo na coreografia a alma senhoril do cisne, denunciam o que há de Grécia nas duas rivais em duelo.

Seus braços ondulam... Súbito, golpe traiçoeiro fere a ave gentil. O corpo lhe estremece. Quebra-se o ritmo harmonioso da vida. Ofega-lhe o peito. A dor transparece, cruel, na mímica do rosto. Pinta-lhe a agonia nos olhos.

Felyne recorda a pátria na cruz e exterioriza em angústia escultural a agonia imensa. O aflar do seio decresce. O sangue soluça exausto nas veias. O esmorecimento da morte desbota as cores da vida. E, como um lírio de haste quebrada, pende a cabeça, evanesce, tomba e morre. Na orquestra os violinos também evanescem e morrem...

No *papilon* de Grieg, Felyne é a borboleta-amarela dos caminhos palpitando asas de jalde à beira das poças d'água.

A nervosia do papilo – flor de ipê a que Ariel soprou vida –, suas loucuras, a ebriedade travessa dos estalidantes revolteios de amor, a leveza de plumas da gema viva – tudo a dançarina gentil estiliza com o espontâneo elance de quem não imita porque é, de si, trêfega borboleta humana – mulher que é, e moça, e formosa...

Na dança da Salomé, transfigura.

Não mais cisne hierático nem borboleta irrequieta. Mas mulher da Ásia. É a histeria, a perversidade feminina em transe de amor e ódio. Todo o quadro da hórrida cena bíblica ilumina-o, desenha-o ela completo. A nossa imaginação vê o tetrarca, vê Herodíades, vê a cabeça sangrenta de João. Salomé é síria e das sírias conta Michelet a que exasperos sádicos as leva o amor. Sua dança, entre lúbrica e macabra, é pábulo ao erotismo de Herodíades e ritmo triunfal à vingança de Herodias. João, o profeta hirsuto do deserto, recusou-lhe, à mãe, o silêncio de sua boca vociferante, desprezou-lhe o beijo de fogo, negou-se-lhe ao espasmo acre. A filha comemora a corrupção materna coleando curvas de uma sábia afrodisia. Herodes, latejante, sorri. A cabeça de João? Só? Ah! Daria ele a cabeça do império para se gozar da filha da vingativa.

Esse drama de São João só um moderno bem o compreendeu e reconstituiu, Wilde, o genial pervertido em cujo seio, quem sabe?, pela metempsicose, se não avatarizava a alma de Salomé...

E se Wilde o reviveu com as tintas estonteantes de sua paleta cruel, Felyne o evocou ao ritmo da música de Joyce, com movimentos de um tigre fêmea em convulsões de amor – amor de tigre...

Que riqueza de expressão mímica no volteio em que estende os braços e simula tomar do chão a cabeça do profeta! Os olhos dilatam-se-lhe como injetados de beladona, numa instantânea anestesia de pavor. Tremuras de remorsos arrepiam-lhe os músculos... Mas logo ri, ri o riso da volúpia, da crueldade, e, arrojando para longe a cabeça de João, ondeia e revoa arabescando o ar de gestos fantásticos.

Felyne sabe encarnar todas as almas. Mal arranca do imo a alma asiática de Salomé, substitui-a pela traiçoeira alma de Dalila.

Aqui a música de Saint-Saëns é fortemente nimbada de tons africanos. Relembra as angulosidades do Egito. A cadência é bárbara. O ritmo intercadente, feito de linhas retas, de ressaltos, de choques e arestas vivas. Denuncia uma tentativa híspida de civilização sufocada pela linha curva do greco-romano. Entretanto...

Quê? Diz-se lá com palavras o que só vive – e só vive instantes fugidios de vida – pela música –, ondulação do som, e pelo gesto – ondulação da atitude? Diz-se lá com palavras de chumbo o que é fugace por essência e sutil como cambiantes e leve como plumas vitalizadas? E diz-se, é lá possível, a graça natural, espontânea, não aprendida em conservatórios, de uma Felyne, flor moça de carne, requinte supremo da civilização que prende a alma latina à germânica e, debruçada sobre os séculos, dá as mãos e cochicha com a terra de Péricles? A terra banhada de um sol sem manchas em que Terpsícore, descida do Olimpo, vinha às margens do Ilisso ensinar à juventude a arte do movimento harmônico, ponto de fusão de dois ritmos – música e escultura?

Carmem Lídia

Quando uma criatura dança aos nossos olhos lucila a imagem da Grécia – esse momento apolíneo da Vida Humana, clarão que até hoje nos redoira com os raios duma luz extinta.

E lembra-nos o verso de Junqueiro:

"Porque ai! a mocidade é como a flor de lótus que em cem anos floresce apenas uma vez".

A Humanidade é também assim – planta que só floresce uma vez e que, ai de nós!, já viu passar esse instante de misteriosa eclosão.

A flor de lótus, única em milênios de vida, eis a Grécia...

Que pétulas entreabriu! Frineia, Aspásia... Que pureza de linhas! Fídias, Ictino... Que harmonia! A coluna dórica, o culto de Afrodite, a amabilidade dos deuses e dos homens, o ritmo em tudo...

Hoje, o que há de belo neste histerismo cheirando a gasolina chamado civilização – avaria de mau caráter, suja da poeira negra do asfalto, com uma gama completa de Quasímodos em permanente crocitar sobre todos os poleiros – vem de lá. São reflexos mortiços do astro helênico.

Rios loucos, remanescentes atávicos da luz morta. Os criadores da beleza – artistas, poetas, dançarinas: criaturas do atavismo, gregos póstumos, nascidos fora do seu tempo – cochilos sublimes da Natureza.

Assim nasce, de raro em raro, num rebanho de ovelhas negras, uma tresmalhada, branca de paina.

Carmem Lídia é um caso desses. Criança de Atenas, por estranha aberração desabrocha no Pátio dos Milagres deste povo feio e mazorro.

Ela dança como lá se dançava – por injunção duma *vis insita*.

Seus gestos, sua vidinha de 13 anos, suas ideias, seus caprichos de menina, seu andar, sua estesia inconsciente em via de cristalização, tudo nela se coa através do instinto heleno da beleza.

A eurritmia – a perfeição do equilíbrio – é seu modo normal de ser. Ouvi-la, vê-la, é ter a sensação de que se nos defronta não uma criatura singular, porém uma época. E que época! A Grécia de Péricles...

Carmem não dança unicamente no teatro, nas horas de espetáculo ou nos momentos de estudo. Dança permanentemente. Seu modo de ser é dançar.

Nos atos mais familiares da vida não tem um gesto, uma atitude, um movimento que se não revele como beleza em ação. Beleza dinâmica – esta expressão bárbara nos acode se, ao recordar a vivacidade da sua figurinha, vem de par com ela a imagem duma impassível estátua de mármore – beleza estática.

Bárbaros que somos! Meter a pedanteria de mecânica como tinta expressiva duma sensação fugaz... É a tara do moderno, é a tara do decandente a entremostrar suas falhas.

Fiquemos aqui antes que venha à baila a química, a biologia e mais horrores da época. Não há mais simplicidade, essa outra florescência da Grécia, e sem simplicidade d'alma não há dizer de nenhuma manifestação de Beleza. E Carmem Lídia é uma esplêndida manifestação de beleza – porque é a própria Eurritmia feita menina e moça. Detém-te, pois, ó pena contaminada!

Bibliografia selecionada sobre Monteiro Lobato

De Jeca a Macunaíma: Monteiro Lobato e o modernismo, de Vasda Bonafini Landers. Editora Civilização Brasileira, 1988.

Juca e Joyce: memórias da neta de Monteiro Lobato, de Marcia Camargos. Editora Moderna, 2007.

Monteiro Lobato: intelectual, empresário, editor, de Alice M. Koshiyama. Edusp, 2006.

Monteiro Lobato: furacão na Botocúndia, de Carmen Lucia de Azevedo, Marcia Camargos e Vladimir Sacchetta. Editora Senac São Paulo, 1997.

Monteiro Lobato: vida e obra, de Edgard Cavalheiro. Companhia Editora Nacional, 1956.

Monteiro Lobato: um brasileiro sob medida, de Marisa Lajolo. Editora Moderna, 2000.

Na trilha do Jeca: Monteiro Lobato e a formação do campo literário no Brasil, de Enio Passiani. Editora da Universidade do Sagrado Coração/Associação Nacional de Pós-Graduação em Ciências Sociais, 2003.

Novos estudos sobre Monteiro Lobato, de Cassiano Nunes. Editora Universidade de Brasília, 1998.

Revista do Brasil: um diagnóstico para a (n)ação, de Tania Regina de Luca. Editora da Unesp, 1999.

Um Jeca nas vernissages, de Tadeu Chiarelli. Edusp, 1995.

Vozes do tempo de Lobato, de Paulo Dantas (org.). Traço Editora, 1982.

Sítio eletrônico na internet: www.lobato.com.br
(mantido pelos herdeiros do escritor)

Este livro, composto nas fontes Electra LH, Rotis e Filosofia, foi impresso em papel pólen soft 80 g/m² na Imprensa da Fé. São Paulo, Brasil, dezembro de 2008.

Conferênci
Georgismo e Comu
América
ratura do Minarete
Crônicas
Grupo
deias de Jeca Tatu
Mr. Slang
Problema
Zé Brasil
Crônicas
Perê: Resultado de um i
Cart
A Onda Verde
Miscelâne
erro
O Presidente N
Opiniões
Na Antevésp
Fragmento
Voto Secreto
Prefácios
Jeca Tatu
A Barca de Gleyr
Macaco que se fez Homem
imposto úni
NEGRINHA
Entrevistas
Cartas Escolh
Cartas de Amo
lo do Petróleo